역사는 스토리다

독립영웅을 만든 장면 50

이원혁 지음

머리말

"왜 이런 일을 하나요?"

독립운동 단체에 몸담고 있으면 가끔 이렇게 당혹스러운 질문을 받을 때가 있습니다. 저희 집안 내력을 어느 정도 아는 사람들은 제가 독립운동가 후손이기 때문에 그런 일을 하는 거라고 짐작하는 듯합니다. 저의 선친은 일본에서 학생운동을 하시다가 3년 동안 옥고를 치르셨거든요. 하지만 저는 선친의 유지를 받들겠다는 거창한 사명감으로 이 일을 시작한 건 아닙니다. 솔직하게 얘기하면 저희 집안은 선친이 독립운동을 한 탓에 매우 고단한 세월을 보내야 했습니다. 그런 지난날 기억 때문이었는지 저는 독립유공자의 후손이라는 사실을 드러내는 게 자연스럽지 않았습니다.

제가 독립운동과 관련된 활동을 하게 된 계기는 따로 있습니다. 2009년 상하이 임시정부 설립 90주년을 기념하는 방송 다큐멘터리를 만들기 위해 유럽에 갔습니다. 프랑스와 영국의 국립문서보관소에서 손때 묻고 세월에 찌든 문서 더미와 씨름하고 있었는데요, 그곳에서 매우 흥미로운 이야기들을 만날 수 있었습니다. 파리에서는 프랑스 하원의원 루이 마랭이라는 인물이 우리 임시정부를 보호한 막후 실력자였다는 사실을 알게 되었습니다. 영국에서는 독립운동가 조지 쇼 선생의 집안이 삼대에 걸쳐 일본 여자와 결혼하게 된 놀라운 이야기를 발견했고요. 머나먼 유럽 땅에도 우리 독립운동사의 알려지지 않은 보석 같은 얘깃거리들이 우리의 손길을 기다리고 있다는 걸 깨닫게 된 거죠. 가슴이 뛰었습니다. 귀국한 뒤 얼마간의 준비 과정을 거쳐 역사 재단을 만들면서 저는 수십 년 동안 묻혀 있던 이야기들을 세상 밖으로 꺼내서 빛을 보게 하겠다는 마음을 먹었습니다.

우리나라의 독립운동은 세계 어느 곳에서도 유례를 찾을 수 없을 정도로 광범위하게 펼쳐졌습니다. 아시아는 물론 유럽과 아메리카 대륙에서도 뜨겁게 펼쳐졌고, 독립운동의 방향과 전략도 다양해서 방대한 항전이 기록을 남겼습니다. 그 속에서 명멸힌 수많은 독립영웅 한 사람 한 사람의 삶은 한 편의 드라마를 보는 것 이상의 진한 감동을 담고 있지요. 이 책은 『역사는 스토리다 – 독립영웅을 만든 장면 50』이라는 제목에서 나타나듯이 한 독립운동가의 삶을 대표하는 사건이나 일화를 소개하고 있습니다. 책에 담긴 50개의 이야기들은 제가 역사 다큐멘터리를 만들면서 찾거나 알게 된 내용이며 모두 역사적 사실에 기반한 것들입니다. 책의 내용 가운데 일부는 독립운동이 자칫 과거 이야기로만 치부될 수 있어 현재와 연결될 수 있는 고리를 만들어 보았습니다. 과거의 역사적 사실은 현재의 이슈와 연결될 때 독자의 공감과 호응을 받을 수 있다는 생각 때문이죠. 또 1부와 2부는 각각의 이야기에 담긴 사건이나 상황이 벌어진 장소에 따라 국내 편과 해외 편으로 나누었습니다.

이 책은 또한 독립운동가 평전의 새로운 방향을 모색합니다. 평전은 한 인물의 업적이나 활동을 해석하고 평가한 글이죠. 독립운동가에 대해서는 이미 적잖은 평전들이 나와 있습니다. 하지만 대개 연대순으로 전개되는 구성과 딱딱한 문체, 긴 호흡의 문장들로 이뤄져 독자들에게 다가가기가 쉽지 않습니다. 학술적 가치는 있지만 인물의 공훈을 널리 알리는 데에는 한계를 지닐 수밖에 없지요. 이 책의 3부에서는 독립운동가의 일생을 흥미로운 이야기로 서술하는 '스토리 평전'을 새롭게 선보입니다. 어린 시절부터 구국의 뜻을 세우게 된 배경, 치열한 항쟁의 과정, 그리고 죽음에 이르기까지 삶의 중요한 시기에서 독자들의 관심을 끌 만한 이야기를 하나씩 끄집어내고, 그런 이야기들을 엮어서 한 인물의 일생을 평가하고 해석하는 방식입니다. 이 책에서는 2023년에 서거 50주년과 상하이 육삼정 의거 90주년을 동시에 맞게 되는 원심창 의사와 건국훈장 최고 등급의 수훈자이면서도 우리에게 잘 알려지지 않은 이강년 의병장의 삶을 '스토리 평전'의 형식을 빌려 소개합니다. 또 역사 속 숨은 이야기를 소개하는 '히든 스토리' 코너도 만들어 독자들에게 읽는 재미가 더해지도록 노력했습니다.

"역사에 디지털 옷을 입혀라."

이 책은 잊혀진 독립영웅들을 콘텐츠로 부활시겨 그들의 정신을 지속적으로 알리기 위한 목적을 담고 있습니다. 웹툰, 인터넷 동영상, SNS 콘텐츠, 전자출판, 오디오북과 같은 디지털 콘텐츠를 만드는 데 적합한 소재를 다루었습니다. 향후 디지털 콘텐츠 제작을 염두에 두었기 때문에 책에 실은 모든 이야기는 비교적 짧은 분량의 글과 읽기에 편안한 문체로 구성했으며 길고 딱딱한 서술 방식은 가급적 피했습니다. 콘텐츠 제작은 스토리를 바탕으로 이루어집니다. 하지만 요즘 인터넷을 통해 쏟아져 나오는 수많은 정보로 인해 사실과 허구의 경계가 모호한 역사 이야기들이 많습니다. 가짜 뉴스 못지않게 '가짜 역사'도 엄청나게 빠른 속도로 퍼지고 있지요. 역사 대중화를 내세우며 대중의 호기심을 자극하는 '예능 역사'도 위험 수위에 이르고 있고요. 역사콘텐츠 제작은 기회이자 위기의 국면을 맞고 있다는 생각이 듭니다. 사실에 충실한 '진짜' 스토리 발굴과 콘텐츠 개발이 시급한 이유입니다.

"역사를 살아 숨 쉬게 하라."
『역사는 스토리다─독립영웅을 만든 장면 50』은 우리 독립운동가들의 활동 가운데 디지털 콘텐츠 작품의 소재가 될 만한 이야깃거리들을 모아 놓은 것에 불과합니다. 앞으로 독립운동사 속에 묻혀 있는 이야기들이 더욱 많이 발굴되고 그 바탕 위에 상상력과 창의성이 더해진 다양한 스토리텔링 콘텐츠들이 만들어지기를 기대합니다. 독립운동가들의 숭고한 정신과 삶이 고스란히 녹아 있는 콘텐츠. 그것을 통해 우리들의 가슴에 살아 숨 쉬는 '지속 가능한' 독립운동 선양 사업이 펼쳐진다면 더없이 기쁘고 좋겠습니다.

2022년 9월
이원혁

목차

제1부 | 스토리 독립운동사 〈국내 편〉

제2부 | 스토리 독립운동사 〈해외 편〉

제 1 부

—

스토리 독립운동사

〈국내 편〉

역사는 스토리다

독립영웅을 만든 장면 50

한강에서 뱃놀이한 까닭은? · 전협

"뱃놀이에 얼씨구~, 한 잔 술에 절씨구~"

1919년 4월 초, 한강 한가운데서 때 이른 뱃놀이가 벌어졌습니다. 조선 팔도에서 모인 40여 명의 사람이 여러 척의 배에 기생 20여 명을 태우고 한바탕 술판을 벌인 건데요. 평소 같았으면 그다지 주목을 끌만한 일이 아니었지만 때가 때였던지라 그 모습을 본 사람들은 눈살을 찌푸렸습니다. 3·1 만세시위로 수천 명이 일제의 총칼에 쓰러졌고, 아직도 전국 방방곡곡에서 독립 함성이 그치지 않은 때였거든요. 심지어 한강을 순찰하던 일본 경찰들도 나라 꼴은 아랑곳하지 않고 한껏 흥에 취한 이들을 보며 한심하다는 표정을 지었다고 합니다.

원래 강에 배를 띄우고 흥겹게 노는 것은 우리의 전통놀이였습니다. 조선 시대에도 선비들은 '선유 (船遊)'라고 하여 배 위에서 주변 경치를 감상하며 시를 짓거나 소리

신윤복의 '선유도(船遊圖)'

를 했지요. 일제강점기에도 날씨가 좋은 날에는 한강에 백여 척의 놀잇배가 오갈 정도로 뱃놀이가 인기를 끌었고요. 1914년에는 천도 교단에서 지방교역자 5백여 명이 40여 척의 유람선을 띄워 놓고 대규모로 여흥을 즐겼다고 합니다. 하지만 1919년 4월 그날 벌어진 뱃놀이는 달랐습니다. 조선민족대동단이란 단체가 벌인 이 뱃놀이는 일제의 간담을 서늘케 만드는 항쟁의 시작이었기 때문입니다.

대동단(大同團)은 당시 국내 최대 규모의 지하조직이었어요. 3·1운동 이후 중국 상하이에 임시정부가 세워지자 독립운동의 거점은 해외로 옮겨갔습니다. 국내에 내세울 만한 항일단체가 없는 상황에서 대동단은 급속도로 세력을 넓혀갔지요. 대동단을 만든 사람은 전협 (1876~1927) 선생인데요, 만세 열기 때문에 나라의 독립을 열망하는 사람들이 많아졌는지 짧은 시간에 생각보다 많은 동지를 모았다고 합니다. 동지들이 몰려들자 전협 선생은 대동회 창립총회를 열기로 계획을 세웁니다. 하지만 그 무렵 일제의 감시가 더욱 살벌하고 철저해졌기 때문에 마땅한 모임 장소를 구하는 일이 너무 어려웠어요.

일제 경찰의 눈을 피할 묘책이 없을까? 궁리하고 또 궁리한 끝에 지혜를 짜낸 것이 바로 한강 뱃놀이였죠. 단원들은 뱃놀이꾼으로 가장하고는 한강 한가운데서 총회를 열었습니다. 일부 단원들이 기생들과 어울려 노는 것처럼 보이게 하고 그 사이에 나머지 단원들은 배 밑바닥에서 단원 모집과 조직 구성, 투쟁 방안 등을 논의했어요. 배 위에서 술 마시고 춤을 추는 모습은 그야말로 잘 꾸며진 연출이었던 셈이지요.

역사는 스토리다 / 독립영웅을 만든 장면 50

일제강점기 시기의 한강과 철교 모습

뱃놀이를 가장해 열린 창립총회는 아무도 눈치채지 못하고 대성공으로 막을 내렸습니다.

한강의 '뱃놀이' 창립총회에서 단장으로 선출된 전협 선생은 조직 확장에 온 힘을 기울이기 시작합니다. 대한제국의 대신과 왕족부터 기생 그리고 보부상에 이르기까지 모든 계층에서 단원을 모집했는데요. 그는 일경의 눈을 피하고자 수시로 거처를 옮겨 다녔다고 합니다. 대동단 창단 후 6개월 동안 무려 23번이나 거처를 바꿔야 했으니 일주일에 한 번꼴로 이사한 셈이죠. 그가 얼마나 철저하고 신중하게 조직을 관리했는지 짐작할 수 있는 대목입니다. 사실 선생은 한때 친일단체인 일진회에 몸을 담았고 일제 통감부 시절에는 부평 군수까지 지낸 친일파였습니다. 그러다가 마음을 고쳐 국권 회복의 뜻을 품게 되었고, 만주로 망명 갔다가 돌아온 후 항일단체를 만든 것이죠. 그가 어떤 이유로 마음을 바꿨는지는 알 수 없습니다. 그러나 만주에서 조국 광복을 위해 피눈물을 흘리며 싸우는 독립군들은 보며 마음을 돌리지 않았을까 짐작합니다.

대동단은 3·1운동에 이은 제2의 만세시위를 주도했습니다. 또 대한 제국 대신을 지낸 김가진 선생을 임시정부로 망명시켰어요. 고종의 아들인 의친왕을 상하이로 망명시키려는 대담한 일도 꾸몄습니다. 의친왕 망명 사건은 그동안 "위로는 왕족과 대신들부터 아래로는 백성들까지 모든 조선 민중이 합병을 원한다"라고 국제사회에 떠벌려 온 일제로서는 실로 경악할만한 일이었지요. 대동단 단원들은 1920년 11월, 의친왕을 만주 단동으로 탈출시키는 데는 성공했으나 그곳에서 일제 경찰에 발각되고 말았습니다. 이 사건으로 대동단의 실체가 드러나게 되었고 전협 선생은 많은 동지들과 함께 일경에 붙잡혔어요. 그는 징역 10년을 선고받고 복역하다가 병보석으로 풀려났지만 얼마 더 살지 못하고 세상을 떠났습니다. 대동단은 짧은 기간 동안이었지만 대담하고 의미 있는 일들을 많이 계획했습니다. 안타깝게도 그 계획들은 실패로 끝났지만, 만약 성공했다면 우리의 독립운동 역사가 조금은 달라질 수 있었을 것이라고 생각합니다.

일제강점기 어느 날, 한강 한가운데서 때 이른 뱃놀이를 가장해 비밀 조직을 만들고, 또 일주일 간격으로 거처를 옮겨 다니는 고된 항쟁을 펼친 한 남자. 그는 왜 그토록 위험하고 힘든 선택을 했을까요? 그만큼 조국 독립에 대한 열망이 컸기 때문이겠지요. 예나 지금이나 한강은 서울 시민들의 소중한 휴식공간입니다. 지금도 예전같이 유유히 흐르는 한강 물줄기 가운데 서울을 관통하는 41.5㎞ 구간은 시민공원으로 조성되어 있고 잠실과 여의도를 오가는 유람선에서는 주변 경치를 감상할 수 있지요. 한강은 말없이 흐르지만 그 속에는 고단하게 이어져온 우리 역사가 함께 흐르고 있습니다. 한강을 지나칠 때 조금 여유가 있다면 백여 년 전 이곳에 놀잇배를 띄운 사연을 떠올려 보는 건 어떨까요.

대동단 단장 전협 선생

조선민족대동단 창립의 두 주역인 두암 전협 단장 (왼쪽)과 역전 최익환 선생이 재판정에 나란히 앉은 모습

백년 기업의 장한 역사

대동단 단원들 가운데 주목을 끄는 인물은 동화약방(동화약품의 전신)을 운영한 민강 선생입니다. 당시 동화약방은 한방과 양방을 섞어 만든 '부채표 활명수'로 엄청난 돈을 벌었는데요. 상당한 재력을 갖추게 된 그는 소의학교를 세워 교육 구국운동을 펼치고 3·1운동에도 참여합니다. 선생은 대동단에서 자금책과 상하이연락책을 맡은 핵심 단원이었죠. 중국과 무역을 하기 위해 만든 공성운송점은 상하이 임시정부와의 연락 거점으로 이용되었습니다. 거기서 임시정부의 연통제 요원과 "청심환을 사러 왔다"라는 암호로 접선하며 일제의 감시를 피하기도 했고요.

민강(1883~1931) 선생

1897년에 처음 발매된 동화약방 부채표 활명수의 초기 광고. 활명수는 국내 최장수 의약품이다.

1919년 10월 선생은 일왕의 생일을 맞아 동대문 밖에서 여러 민족단체와 함께 반일 전단을 뿌리다가 일경에 체포됩니다. 1년 반 동안 옥고를 치른 선생은 출옥한 뒤 중국으로 망명해 계속 독립운동을 펼칩니다. 그곳에서도 체포와 투옥을 거듭하며 모진 고문을 당하다가 결국 건강이 나빠져 세상을 떠나게 되지요. 민강 선생은 1962년 건국훈장 독립장에 추서되었습니다. 우리에게 소화제로 잘 알려진 '활명수'에는 이처럼 백년을 이어온 한 민족기업의 치열한 항쟁의 역사가 담겨져 있답니다.

집으로 독립을 짓다 · 정세권

'조선인의 경성은 망하여 가고 일본인의 경성은 흥하여 가는도다'

1923년 3월 6일 〈동아일보〉에 실린 기사인데요, 조선인들은 쫓겨나고 일본인들이 물밀 듯이 몰려드는 경성의 암울한 상황을 걱정하는 내용이 담겨 있습니다. 인구수로는 조선인이 3배나 많은데 땅은 일본인이 더 많이 가지고 있다는 기사도 눈에 띄네요. 비슷한 시기 또 다른 신문에는 큰 집과 좋은 땅은 모두 일본인 손으로 넘어간다면서 '멀지 않은 장래에 조선 사람은 전부가 걸인이 될 것'이라며 한탄하는 기사가 실려 있습니다. 당시 경성은 청계천을 경계로 조선인과 일본인 거주지가 나뉘어 있었습니다. 조선인은 청계천 북쪽 지역인 북촌과 종로 일대에 모여 살았지요. 1920년대에 들어서서 일본인 이주자가 급증하자 총

"신축 가옥은 많으나 주택난은 여전히 심각"
〈매일신보〉

독부는 도시계획이라는 명분을 내걸고 조선인 지역에 일본식 집을 짓는 '북진(北進)' 정책을 밀어붙였습니다. 조선 왕조 5백 년 동안 이곳에 뿌리내리고 살아온 조선인들은 하루아침에 거리로 내몰릴 위기에 처했습니다. 이처럼 심각한 상황에서 한 조선인 '집장사'가 일제의 흉계에 맞서기 시작합니다.

그는 1920년 주택 건축업체 '건양사'를 설립하고 북촌의 땅과 건물을 사들입니다. 그가 바로 정세권(1888~1965) 선생인데요, "어떻게 하면 좁은 땅에 더 많은 주택을 지을 수 있을까?" 그는 궁리에 궁리를 거듭한 끝에 양반 귀족들의 대저택을 쪼개서 여러 채의 한옥을 짓는 서민용 주택 개발 사업을 시작합니다. 당시 경성 거주 조선인들의 생활은 하루하루가 다르게 쪼들리고 있었기 때문에 서민들이 사는 집의 크기는 작아질 수밖에 없었지요. 선생은 기존 한옥의 문제점으로 지적된 공간 배치와 내부 구조를 획기적으로 바꿉니다. 지붕을 하나로 연결한 '한옥 연립주택'을 짓고요, 놀랍게도 2층으로 올린 한옥 건물도 선보입니다.

독립운동가 정세권 선생

1930년대초 정세권 선생 가족 사진
(왼쪽 앉은 이가 정세권)

역사는 스토리다 / 독립영웅을 만든 장면 50

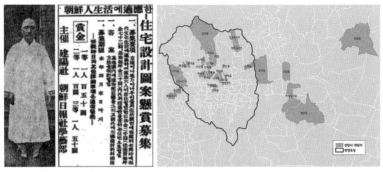

건양사가 1929년 3월에 주최한 개량　　1920년대와 1930년대 건양사의 경성 주택개발지
한옥 설계 도안 모집 공고

또 화장실을 집 안으로 들여오고, 대청마루에 유리문을 달고, 당시로
는 파격적으로 수도와 전기를 들이는 것과 같이 이전에는 상상도 하지
못하던 새로운 시도를 합니다. 한마디로 기존 건축의 패러다임을 바꾸
어 도시형 '첨단'한옥단지를 만든 것이지요. 이렇게 선생은 북촌에 무
려 9백 호가 넘는 한옥을 지은 데 이어 경성 시내 8곳에 대규모의 근
대식 한옥단지를 만들었습니다.

그런데 정세권 선생의 건양사가 낸 분양 광고에는 놀라운 사실이 들
어있었습니다. 집값을 일시불이 아니라 입주 후 월 단위 또는 연 단위
로 나누어 내는 방식을 썼다는 점인데요. 건양사가 민간회사임에도 불
구하고 서민들에게 주택 금융을 제공한 사실은 당시로써는 매우 획기
적인 서민 지원 방식이었지요. 이미 백여 년 전에 이렇게 파격적인 방식
을 채택할 수 있었던 것은 정세권 선생의 동포 사랑이 있었기 때문입니
다. 선생은 또한 "신문 지상에 오직 생활난 이야기만 보도되고, 이르는
곳마다 비참한 절규가 들린다"라면서 집을 살 형편이 안 되는 서민들

을 위해 저렴한 '전세' 방식도 도입합니다.

그 무렵 많은 농민들이 일자리를 찾아 경성으로 몰려듭니다. 일본인들에게 땅을 뺏겨 가뜩이나 살 집이 턱없이 부족한 마당에 엎친 데 덮친 격이 되어 집값이 폭등할 수밖에요. 이른바 '주택 전쟁'이 벌어지는데요, 거리로 내몰릴 처지에 놓인 세입자들은 '차가인(借家人)동맹'을 만들어 저항합니다. 이들은 "비싼 집세, 땅세를 내리우자"라면서 집단행동에 나서기도 하지요. 이런 상황에서 정세권 선생은 단순히 집을 짓는 데 그치지 않고 주택 금융과 전세 제도를 마련해 서민들의 주거 안정에 온 힘을 기울였던 것입니다.

동포들을 위한 정세권 선생의 헌신은 여기서 끝나지 않았어요. 민족운동 단체인 신간회 창립과 물산장려운동에 참여하는 한편 갈 곳 없던 조선어학회에 회관을 기증하고 활동비를 지원했습니다. 바로 그 건물에서 일제의 삼엄한 감시의 눈을 피해 조선어사전 편찬 작업이 은밀하게 진행되었지요. 하지만 『큰 사전』 완성을 눈앞에 둔 1942년 가을, 선생은 일경에 체포되었습니다. 모진 고문을 당하고 땅과 재산 대부분을 빼앗기고 말았어요. 너무나 안타까운 일이었지요. 여기서 한번 생각해 보죠. 우리말과 글, 그리고 집을 지키려던 선생의 노력이 없었다면 지금 서울의 모습은 어땠을까요? 북촌 한옥마을은 일본식 적산 가옥으로 뒤덮인 흉물 단지가 되었을 것이고 인사동, 성북동, 왕십리 같은 지역에서도 우리 전통 가옥은 흔적조차 찾기 어려웠을 겁니다. 정세권 선생이 '경성을 지킨 건축왕'으로 불리는 이유가 바로 여기에 있습니다.

오늘날 우리나라의 집값은 하늘 높은 줄 모르게 치솟고 있습니다. 여기저기서 서민들의 한숨 소리가 들려옵니다. 집은 인간 삶의 가장 기본적인 요소이지요. 집이 삶의 터전이 아닌 투기의 대상이 된 지금, 백년 전 서민들의 내 집 마련과 우리 전통 가옥을 지키기 위해 힘쓰다가 정작 자신의 것은 지키지 못하게 된 정세권 선생의 삶을 다시 한번 떠올리게 됩니다.

"못살겠다 바꿔보자"

'차가인동맹(借家人同盟)'은 일본식 한자인데, '차가인'은 요즘 말로 세입자입니다. 일제강점기에 세입자들이 단체를 만들어서 "집세와 상점세 좀 내려달라" "수리비는 집주인이 내달라"라며 집단행동에 나섰는데요. 1920년대 조선에서는 일제의 수탈을 견디지 못한 농민들이 도시로 몰려들면서 도시화가 빠르게 진행되었습니다. 그 무렵 경성은 거주자의 60%가 세입자일 정도로 심각한 주택난을 겪고 있었어요. 거기에 도시 집중화 현상까지 겹쳐지면서 전월세 값이 천정부지로 치솟았지요. 그런 상황에서 차가인동맹이 만들어져 전국 60여 곳에 설립될 만큼 대단한 세력을 과시했습니다. 경성의 차가인동맹은 비행기를 동원해서 전단을 배포할 계획까지 세웠다고 해요. 원산에서는 실제로 집세를 절반으로 내리는 데 성공했고요. 또 신문에서는 집세를 낮춰준 사례를 접수받아서 '착한 집주인'이라는 명단을 실어주는 일까지 있었다고 하네요.

하지만 차가인 운동이 점차 거세지면서 덩달아 일제의 감시도 심해졌죠. 1930년 충남 강경경찰서는 차가인동맹의 회원 수가 천 명을 넘게 되자 단체의 해산을 명령합니다. 차가인동맹을 식민통치에 저항하는 세력으로 보기 시작한 거죠. 하지만 일제의 탄압에도 불구하고 차가인동맹의 활동은 계속되었고 일부 지역에서는 해방 후에도 그 활동을 이어갔습니다. 서슬 퍼런 일제강점기에도 수많은 세입자와 영세상인들은 스스로 생존권을 지키려는 눈물겨운 역사를 써 내려갔던 것입니다.

1929년 11월 24일에 열린 경성 차가인동맹 발기회 장면

그 어머니에 그 아들 · 곽낙원

시모시자(是母是子)라는 말이 있습니다. 그 어머니에 그 자식, 즉 '위대한 어머니가 위대한 자식을 만든다'라는 뜻이지요. 우리나라의 손꼽히는 독립운동가들 가운데도 이 말에 해당하는 분들이 있습니다. 어머니의 엄격하고 자애로운 가르침을 받은 주인공들이죠. 그분들의 어머니들은 아들을 독립운동이라는 한 가지 길로 이끌었지만 그 방법은 모두 달랐어요. 윤봉길 의사의 어머니 김원상 여사는 어린 아들에게 직접 민족의식을 심어줄 만큼 교육열이 대단한 '열혈 교육자'였습니다. 안중근 의사의 어머니 조마리아 여사는 자녀들이 스스로 품성을 키워나가도록 이끄는 '자율형 교육'을 펼쳤다고 하고요. 우리 민족의 영원한 지도자로 불리는 백범 김구 선생의 어머니는 어땠을까요?

곽낙원(1859~1939) 여사는 외동아들인 김구가 잘못을 저지르면 가차없이 종아리를 치는 '회초리 훈육'으로 잘 알려져 있습니다. 아들 나이오십이 넘어서도 회초리를 들었다고 하네요. 여사는 한글 몇 자만 겨우 읽을 수 있어 '까막눈'과 다름없었습니다. 삯바느질과 남의 집안일을 해가면서도 자식만큼은 신분제의 억압에서 벗어나기를 바라며 교육에 온 힘을 쏟았어요. 그런 곽낙원 여사는 꽤 많은 일화를 남겼는데요, 그 가운데 특히 자신의 생일에 얽힌 이야기가 눈길을 끕니다.

1919년 2월 26일, 어머니의 환갑을 맞아 김구 선생은 약간의 술과 안주를 마련하여 가까운 친구들을 초대하려고 합니다. 이를 눈치챈 곽 여사는 "다들 어려운데 무슨 환갑잔치냐"라면서 한사코 손사래를 치며 잔치를 말리지요. 집안 형편이 너무 어려웠기 때문이었어요. 아들은 사정이 좀 나아지는 대로 어머니 환갑잔치를 마련하려고 했지만 상하이로 망명하는 바람에 생신상을 차려 드리지 못합니다. 그 일이 선생의 가슴속에 앙금으로 남았던지 1924년 곽 여사가 며느리 최준례 여사와 손자 인을 데리고 상하이로 왔을 때 어머니의 생신을 챙기기로 마음먹습니다. 하지만 또다시 그 계획은 이뤄지지 못했죠.

『백범일지』에 적힌 내용을 보면 '독립운동을 하느라고 목숨이나 집을 잃은 동포들이 수십, 수백 명인 참보(慘報, 끔찍한 소식)를 듣고 앉아서 어떻게 어머니를 위하여 수연을 차릴 경황이 있으랴'라며 생신 잔치를 포기하는 대목이 나옵니다. 조촐한 어머니의 생신상조차 원하는 대로 차려드릴 수 없었던 김구 선생의 마음이 어땠을까 생각하니 가슴이 저려오네요. 또 하루는 나석주 의사가 "오늘이 백범 선생의 생신이라 옷을 저당 잡혔다"라며 고기와 반찬거리를 사 들고 선생의 집을 찾아왔어요. 오랜만에 보는 변변한 먹거리로 곽 여사는 아들의 생일상을 차려주었는데요. 얼마 후 나석주 의사는 동양척식회사에 폭탄을 던지고 스스로 목숨을 끊었습니다. 생일상이 이별상이 되고 만 셈이지요. 어떤 이

들에게는 너무나 평범한 일들이 김구 선생을
비롯한 독립운동가들에게는 가슴 아픈 추억으
로 남겨지게 된 것입니다.

나석주 의사
(1892~1926)

  그 일을 계기로 김구 선생은 죽는 날까지 자
신의 생일을 기념하지 않기로 마음먹고 날짜도
기입하지 않겠다고 다짐합니다. 나석주 의사가
차려준 생일상을 영원히 기억하기 위하여, 또 어머니의 생일상을 못 차
려 드린 것이 못내 가슴 아팠기 때문이지요. 개인의 사사로운 감정보다
나라를 먼저 생각하는 마음은 아들이나 어머니나 다르지 않았습니다.
1932년 4월 윤봉길 의사 의거가 터지고 임시정부는 상하이를 떠나 멀
고도 먼 피난길에 오릅니다. 자싱에 머물 때의 일인데요, 곽 여사의 생
일이 되자 임시정부 요인의 부인들이 돈을 모아 비단 솜옷을 장만했어
요. 선물을 본 곽 여사는 "지금 우리가 이나마 밥술이라도 넘기고 있는
건 온전히 윤봉길의 피 값 때문이야. 피 팔아서 옷 사 입을 수 있나.
당장 물러 와!"라며 호통을 쳤다고 해요. 혼쭐이 난 부인들은 대꾸 한
마디 못하고 비단 솜옷을 들고 나갔다고 합니다.

  난징에 있을 때도 비슷한 일이 있었지요. 청년 단원들이 곽 여사의
생일상을 차릴 돈을 모으고 있었는데요, 이를 알게 된 곽 여사는 "먹
고 싶은 음식을 만들어 먹겠네"라며 돈을 달라고 했어요. 여사는 그
돈에 쌈짓돈을 보태 권총 두 자루를 사서 "왜놈들과 싸우라"라며 단원
들 앞에 내놓았습니다. 또 자신의 팔순 잔치 대신 붓으로 일본과 싸우

라는 뜻으로 50자루의 만년필을 사서 청년들에게 나누어 주기도 했고
요. 생각해 보세요. 여든이 넘는 노인이 자신의 생일상을 마다하고 그
돈으로 총과 만년필을 구입해서 독립운동을 도왔던 겁니다. 그 모습을
본 청년들의 마음이 어땠을까요. 곽 여사는 그런 행동으로 자식과 동
포들에게 강한 독립 의지를 심어주었습니다.

인간 세상이 아무리 변해도 어머니의 기초 교육은 자식 교육의 기본
중 기본입니다. 내 집안에서만 영웅이 아니라 온 세계를 호령하는 멋진
자식으로 키우는 것이 바로 어머니의 힘이죠. 맹자 어머니, 링컨 어머
니, 일론 머스크의 어머니 등 우리는 외국의 유명한 어머니들을 잘 알
고 있습니다. 정작 우리가 생각해 내고 기억해 낼 수 있는 우리의 어머
니는 율곡 이이의 어머니 신사임당 정도… 하지만 우리에게는 백범 김
구와 같은 걸출한 독립영웅을 기초부터 가르친 장한 어머니들이 많이

1934년 중국 남경에 모인 김구 선생의
가족. 앉아 있는 분이 어머니 곽낙원.
뒷줄 왼쪽부터 큰아들인 백범 김구,
둘째 아들 신

백범기념관에 전시된 곽낙원
여사의 청동상

있습니다. 우리가 김구 선생을 민족의 영원한 지도자로 존경하는 것은 독립운동에서 이룬 그의 업적 때문만은 아닐 것입니다. 민족과 나라를 사랑하는 모습을 말과 행동으로 일관되게 보여주었기 때문이지요. 김구 선생의 의로운 기개와 강인한 정신력을 보면 오십이 넘은 아들의 종아리에 회초리를 든 어머니의 엄한 훈육 장면이 겹쳐집니다.

　자신의 생일 선물을 먼저 간 동지의 피 값이라며 물리고, 생일 축하금을 권총으로 되돌려준 어머니 곽낙원. 어머니 생신상 한 번 제대로 차려드리지 못한 것이 마음에 걸려 아예 자신의 생일 날짜를 지워버린 아들 김구. 과연 '그 어머니에 그 아들'이라는 말 외에 달리 표현할 말이 어디 있을까요.

대전 현충원에 있는 애국지사 곽낙원 여사의 묘

곽낙원 여사의 장례식을 마치고 묘소 앞에 선 백범 가족

말총모자에 숨은 항쟁 이야기 · 정인호

개화의 물결이 거세게 밀려오던 1895년, 조선 정부는 남자들의 상투를 자르고 머리카락을 짧게 쳐야 한다는 단발령을 내렸습니다. 그러나 이에 저항하는 의병이 전국 방방곡곡에서 일어날 정도로 반발이 거세지자 조정에서는 일단 영을 거둬들였어요. 1902년이 되자 정부는 다시 단발령을 실시하게 되는데요. 수백 년 동안 상투를 틀고 갓을 쓰며 살아온 사람들이 하루아침에 맨머리로 돌아다니는 건 쉽지 않았습니다. 머리에 얹을 뭔가가 필요했지요. 약삭빠른 일본인들은 '나카오레'라는 일본제 중절모자를 들여와 터무니없이 비싼 값에 팔았습니다.

그러다가 국산 제품인 말총모자가 시중에 나왔어요. '말총'은 말의 갈기나 꼬리의 털을 말하는데, 질기고 빳빳하며 광택이 있어 예전부터 망건이나 갓 그리고 허리띠를 만드는 데 사용했습니다. 이 말총을 사용해 서양식으로 만든 모자가 바로 말총모자입니다. 국산 제품인 말총모자가 나오자 일본 상인들의 장삿속에 치를 떨던 사람들은 너무나 기뻤습니다. 말총모자는 가벼운 데다가 값도 싸서 전국적으로 선풍적인 인기를 끌었는데요. 지금으로 치면 핫한 아이템, '핫템'이라고 할 수 있겠죠.

그런데 이쯤에서 궁금해지네요. 그런 신박한 아이템을 누가 만들었
는지 말이에요. 특별한 기술을 가진 장인일까? 아니면 장사꾼일까? 많
은 사람이 궁금해했지요. 당시 말총모자를 개발해낸 사람은 전혀 뜻밖
의 인물이었어요. 그 사람은 군수를 지낸 관료 출신이었으니까요. 구
한말 경북 청도군수를 지낸 정인호(1869~1945) 선생은 을사늑약이 체
결되자 "일제의 앞잡이 노릇이 굴욕적이고 수치스럽다"라며 관직을 내
던져 버렸습니다. 그 후 고향인 경기도 양주로 돌아와 학교를 세우고
교과서를 저술하며 교육을 통한 구국운동에 나섰습니다. 그러다가 취
미 삼아 말총으로 가방이며 셔츠 같은 물건을 만들게 되었고, 결국 말

특허청 청사 내 발명인의 전당에서   정인호 선생
전시 중인 정인호 선생의 말총모자 모형

정인호 지사가 경술국치 후 일본에 특허 등록받은 말총모자. 특허 제19475호

총모자까지 개발하게 되었던 거죠. 선생은 1908년 8월 조선 사람으로는 처음으로 통감부에 특허를 출원하는데요. 이 말총모자 특허는 훗날 '한국인 1호 특허권'으로 공인받게 됩니다.

당시 이 모자가 얼마나 유행했는지를 알려주는 일화가 있어요. 1923년 종로경찰서 폭파 사건을 일으킨 김상옥 의사 얘기입니다. 그는 말총모자 공장을 차려서 생산과 보급에 앞장섰습니다. 김 의사는 상하이로 망명할 때 말총모자를 몇 개 갖고 갔다고 하지요. 임시정부에 몸담았던 조소앙 선생이 쓴 『김상옥전』에는 '김상옥이 국내에서 흰 말총모자 2개를 갖고 와 선물했는데, 그것이 국산품이라고 해서 아껴가며 즐겨 썼고…'라는 대목이 나옵니다. 말총모자는 경제적인 이점뿐만 아니라 "일본 상품을 배격하고 국산품을 장려하자"라는 애국심의 상징이기도 했던 거죠. 김상옥 의사가 말총모자 사업을 벌인 것도 물산장려운동의 한 방편이었고요. 그런 이유 때문에 1920년대 경성 사람들은 말총모자를 쓰고 다니는 것을 큰 자랑으로 여겼다고 합니다.

말총모자는 해외에 진출하기도 했어요. 미국의 한인 신문인 〈신한민보〉에는 '정인호 씨가 말총으로 각종 신식모자를 만들었고 한미흥업에서 미국 박람회에 출품하기 위해 2천 개를 맞추었다'라는 기사가 나옵니다. 한미흥업은 1909년 시애틀에서 열린 박람회에 조선 제품을 판매하기 위해 한미 합작으로 만든 무역 회사였어요. 그러나 1919년, 사업가로서 큰돈을 벌며 민족기업의 꿈을 키워나가던 정인호 선생에게 예기치 않은 일이 벌어졌습니다. 3·1운동이 일어나자 그는 직접 독립운

역사는 스토리다 / 독립영웅을 만든 장면 50

동에 뛰어들었는데요. 구국단이라는 비밀결사를 조직하고 단장을 맡아 상하이 임시정부의 활동을 지원했습니다. 자신의 집에 인쇄기를 몰래 갖다 놓고 군자금 모금에 필요한 각종 서식과 임시정부 인장 등을 찍어냈어요. 그러니까 한 손엔 임시정부의 군자금 영수증, 다른 한 손엔 권총을 들고 친일 부호들로부터 거액을 빼앗아 상하이로 보냈던 거죠. 하지만 1921년 충남의 한 친일 부호에게 군자금 헌납을 요구하다가 일경에게 붙잡혀 징역 5년을 선고받고 옥고를 치러야 했습니다.

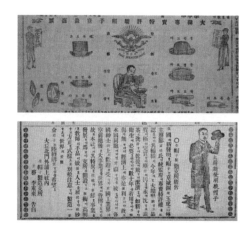

대한매일신보에 게재된 말총모자 판매 광고
(위: 1909.8.24./아래: 1910.7.23.)

그동안 번 돈을 모두 독립운동에 쏟아부은 데다가 옥고를 치르면서 고문에 시달린 선생은 잠시 몸을 추스르며 활동을 자제했지요. 그러던 1938년 6월 어느 날, 선생에 관한 기사가 신문에 크게 실리는 일이 벌어졌어요. 그가 조선 미술전 공예 부문에서 특선을 차지했기 때문인데요. 70세의 노인이 상을 받는 것은 조선미술전 역사상 처음 있는 일이라 세간의 커다란 관심을 모은 것입니다. 신문에서는 그가 '말총으로 만든 모자, 핸드백, 쿠션 등 30여 가지의 상품을 선보였다'라면서 가내 공업으로 키우면 수출도 가능하다는 찬사를 덧붙였습니다. 이뿐만 아니었어요. 정인호 선생은 그 뒤 조선미전에서도 특선을 수상하며 노익장을 과시했습니다.

그와 함께 특선자 명단에 오른 이들 가운데는 조선인 미술가들이 적지 않았습니다. 대부분 친일 예술가들로 부와 명예를 거머쥔 채 아직까지도 명성을 누리고 있지요. 그들에 비하면 선생의 일생은 초라하기만 합니다. 그와 함께 두 아들도 옥고를 치렀고, 선생이 감옥에서 나와 보니 서울 청량리 일대에 소유하고 있던 토지 5천 평은 이미 몰수돼 있었다고 합니다. 성공한 사업가가 "내 손으로 나라를 되찾겠다"라면서 번 돈을 쏟아부으며 항쟁에 나섰지만 결국 지독한 가난만 덩그러니 남았던 것이죠. 선생의 후손들은 묻습니다. "우리나라가 진정 광복이 되긴 했나요?"라고 말이죠. 언제쯤이면 이 물음에 후련하게 대답할 수 있는 날이 올까요.

"말총모자, 내 손안에 있소이다"

김상옥 의사
(1890~1923)

김상옥 의사는 8살 때부터 체의 그물을 만드는 쳇불공장 직공을 시작으로 나이 23살에 철물점의 주인이 됩니다. 그는 1918년경 동대문구 창신동에 2층짜리 영덕철물점을 세우는데요, 그 건물 2층에 말총모자 공장을 만들지요. 당시 말총은 별달리 쓸모가 없어서 그냥 내다 버리다시피 했습니다. 그런 말총을 헐값에 사들여서 말총모자 생산 시설을 갖추었던 거죠. 모자 공장을 지은 김 의사는 기막힌 판매 전략을 세웁니다.

그는 흰색 말총모자와 두루마기 차림으로 동대문 앞을 왔다 갔다 합니다. 잘생긴 청년이 눈에 띄는 복장을 하고 하루에도 몇 번씩 같은 장소를 다니다 보니 금세 사람들의 눈길을 끌 수밖에요. 김 의사는 '움직이는 광고판' 노릇을 한 건데요. 그의 모습이 꽤나 인상적이었던지 1962년에 한 신문사 논설위원은 자신이 직접 목격한 내용을 기사로 씁니다. '동대문 근방에서 흰 말총모자를 쓰고 힘차게 그리고 분주히 걸어다니는 단단한 체구의 키 작은 신사. 그가 후일 종로서를 폭파하고 삼판통에서 일제의 간담을 서늘케 한 김상옥 열사인 것이다.'

김 의사의 뛰어난 선전술에 힘입어 그의 말총모자 사업은 큰 성공을 거둡니다. 요즘 말로 자수성가한 청년 벤처 사업가가 된 거죠. 그러나 김 의사가 사업을 벌인 것은 단지 돈을 벌기 위한 목적이 아니었어요. 일제의 수탈에서 벗어나기 위한 경제적 독립운동을 펼쳤던 겁니다. 그로부터 4년 뒤인 1922년 평양에서 시작된 물산장려운동은 조선 전역을 들썩거리게 만드는데요. 김상옥 의사는 그 운동의 원조가 아니었을까 생각합니다.

"노인을 위한 나라는 없다" · 강우규

1919년 9월 2일 오후 5시. 지금의 서울역 앞 광장에서는 새로 부임한 조선 총독 사이토 마코토를 맞이하는 행사가 열렸습니다. 천여 명의 환영 인파 속에는 이완용을 비롯한 친일 귀족, 총독부 고위관리, 군사령관 등 식민통치의 우두머리들이 자리를 차지하고 있었어요. 3·1운동의 열기가 채 가시지도 않은 데다가 불과 사흘 전에는 한일병탄 기념식이 있었기 때문에 일제 군경은 바짝

제3대 조선 총독
사이토 마코토

긴장하고 있었지요. 이윽고 군 의장대의 예포 소리가 우렁차게 울려 퍼지면서 사이토 마코토가 도착했습니다. 사이토는 그를 환영하러 나온 사람들과 악수를 나누고 총독 관저로 향하는 마차에 올랐는데요. 그 순간, "꽝~"하는 굉음과 함께 폭탄이 터져 식장은 금세 아수라장으로 변했습니다. 사이토는 파편 몇 조각이 허리띠에 박혔지만 목숨에는 지장이 없었습니다. 하지만 그가 입은 정신적 충격은 엄청났지요. 식민지 수도에 첫발을 내딛자마자 폭탄으로 환영받았으니까요.

독립운동가 강우규 선생　　서울역 광장에 세워진 강우규 의사 동상

이 사건으로 37명이 다쳤는데 그중 일본인 경찰관과 아사히신문 기자는 사망했습니다. 범인은 사건이 터진 지 보름이 지난 후에야 잡혔어요. 범인이 붙잡혔다는 소식에 사람들은 사건이 일어났을 때보다 더 크게 놀랐습니다. 혈기왕성한 청년이 아니라 65살이나 된 호호백발 노인이 저지른 것으로 밝혀졌기 때문이죠. 폭탄을 던진 강우규 (1855~1920) 선생은 한의사 생활을 하다가 50대 초반에 러시아로 건너가 민족운동에 뛰어들었습니다. 그는 3·1운동을 전후해 러시아 블라디보스토크에서 결성된 '대한국민노인동맹단'에 가입했는데요. 노인동맹단은 이름만큼이나 특이한 단체였습니다. 회원의 나이를 46세 이상에서 70세까지로 제한했거든요. 지금이야 46살을 중년으로 여기지만 당시에는 '노인네'로 불릴 나이였습니다. 1920년대 조선인 평균수명이 고작 44세에 불과할 정도였으니까요.

이처럼 나이 많은 노인들이 대체 무슨 일을 하려고 단체를 만들었던 걸까요? 그 이유가 궁금해지는데요. 이 단체의 발족 취지서에는 '우리의 육신이 세상에 존재할 기한이 과연 얼마나 되겠는가. 기백만에 달하는 노인들이 죽음을 각오하고 싸워서 자손들에게 독립된 조국을 물려주자'라는 내용이 담겼습니다. 나라가 망한 책임이 본인들에게 있으니 노인들 스스로 독립운동에 나서야 한다는 것이 이 단체를 만든 이유였지요. 노인동맹단 단원은 명부에 올려놓은 수만 2천5명에 달했고, 실제로는 5천 명이 넘었던 것으로 전해집니다. 임시정부 국무령을 지낸 박은식 선생, 이동휘 선생의 부친인 이발 같은 쟁쟁한 거물급 애국지사들이 이 단체의 단원이었고, 여자 단원들도 상당수 있었어요.

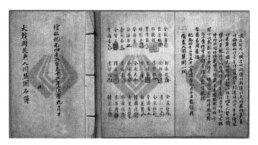

2천5명의 명단이 적힌 대한국민노인동맹단 단원 명부

노인동맹단은 젊은이 못지않은 왕성한 활동을 펼칩니다. 일본 정부, 일왕, 조선 총독에게 편지를 보내고 파리강화회의에 독립청원서까지 제출합니다. 1919년 5월에는 단원 5명을 지금의 서울인 경성으로 보내 종로 일대에서 시민들을 모아 놓고 태극기를 흔들며 "조선 독립 만세"를 외치기도 하지요. 시위를 이끈 이발 선생은 일경이 체포하려고 하자 칼로 자신의 목을 찔러 자살을 시도합니다. 당시 그는 69살, 지금으로 치면 90살쯤 되는 나이입니다. 노인 중에서도 상노인에 속하는 고령이었지요. 또 그해 9월에는 강우규 단원이 조선 총독의 암살을 시도하고요. 노인동맹단을 비롯해 러시아에 있는 독립운동 단체가 국내와 연계하여 무장항쟁을 계속하자 일제는 1920년 4월 연해주 지역에 대대적인 기습 공격을 벌입니다. 이때 노인동맹단 단원 여러 명이 붙잡혔고, 지도부는 몸을 숨겨야 했기 때문에 노인동맹단은 어쩔 수 없이 해체 수순을 밟게 됩니다.

강우규 의사는 1920년 11월 29일 서대문 감옥에서 세상을 떠났습니다. 그는 일경에 체포되고, 재판받고, 교수형을 당할 때까지 자신의 태도를 단 한 번도 굽히지 않았어요. 강 의사는 "내가 죽어서 청년들의 가슴에 조그마한 충격이라도 줄 수 있다면 그것이 내가 소원하는 바이다"라는 말을 남겼습니다. 그의 거사는 항일운동에 엄청난 영향을 주었는데요, 무엇보다 독립운동 사상 처음이자 마지막으로 '호호백발' 노인이 폭탄을 던진 의거였기 때문이지요. 그는 노인들이 망국의 책임을 지고 나라를 되찾기 위해 필사적으로 행동했다는 사실을 온몸으로 알렸습니다. 또 젊은이들에게 독립을 이루는 그날까지 쉼 없이 싸워야 한다는 메시지를 몸소 전했고요.

강우규 의사의 거사 후 수많은 의열항쟁 단체가 생겨났고 그 구성원은 대부분 20대 열혈 청년들이었습니다. 이것이 과연 우연이었을까요? 아니면 의거가 가져온 필연적인 결과였을까요? 헐리우드의 유명한 영화 '노인을 위한 나라는 없다'는 죽음에 기댈 수밖에 없는 노인들의 무기력한 삶을 그렸습니다. 하지만 백여 년 전 이 땅에는 후손들에게 떳떳한 나라를 물려주기 위해 자신의 목숨을 던진 '열혈 노인'들이 있었지요. 강우규 의사의 죽음은 '청년의, 청년에 의한, 청년을 위한 나라'를 이루려는 처절했지만 너무나 숭고한 몸부림이었습니다.

2022년 봄, 일본의 아사히 TV는 한국의 젊은이들이 일본의 젊은이들에 비해 국가의 일에 훨씬 더 관심이 있다는 내용을 전했습니다. 이 방송은 무엇에든지 적극적이며 국가의 현재와 미래에 강한 관심을 갖는 한국 젊은이들을 부러워했어요. 선거에서 투표율이 모든 것을 설명하지는 않지만 2021년 10월 일본 중의원 선거의 20대 투표율이 36.5% 인데 2022 봄 한국의 대통령 선거에서 20대 투표율이 65.3%라는 예를 들며 일본의 위기와 한국의 미래를 비교하기도 했는데요. 강우규 의사가 원했던 것이 젊은이들의 정치적 관심은 아니었을지는 몰라도 오늘날 우리 젊은이들이 나라와 세상을 보는 눈과 관심은 매우 높습니다. 한 세기 전 암울한 이 땅의 젊은이들을 좌절에만 머물게 하지 않았던 의사의 용기와 숭고한 정신이 계속 이어지고 있는 것은 아닐까 하는 생각에 마음이 한결 가벼워집니다.

경주 최부잣집 장손이 통곡한 이유 · 안희제

    지금으로부터 백여 년 전, 나라 잃은 망명객들의 생활은 오늘날의 우리는 상상하기조차 어려울 정도로 힘들었습니다. 적지 않은 나이에다가 말도 통하지 않는 남의 땅에서 허드렛일조차도 찾기가 만만치 않았지요. 일제와 싸우기에 앞서 '밥과의 전쟁'을 치러야 했어요. 밥값뿐만 아니죠. 조직 운영, 외교 활동, 무기 구입 등 나라 되찾는 일에 돈이 한두 푼 드는 게 아니었습니다. 상하이 임시정부는 출발할 때부터 재정적으로 큰 어려움을 겪을 수밖에 없었습니다. 국내에서 지원받는 건 말할 것도 없고 해외 교민의 도움을 얻는 것도 쉽지 않았어요.

    일제가 임시정부의 자금줄을 철저하게 감시하고 있는 상황에서 독립 자금 마련은 비밀리에 진행될 수밖에 없었지요. 흔적을 남겨서는 절대로 안 되기 때문에 영수증을 주고받기도 보통 일이 아니었어요. 그렇다 보니 임시정부가 세워진 뒤부터 독립 자금을 둘러싼 '배달사고'가 끊이지 않았습니다. 경주 최부잣집의 장손인 최준 선생은 "그동안 여러 차례 보낸 군자금이 반만이라도 임시정부에 들이기면 좋겠다"라고 말할 정도였습니다. 그는 엄청난 재산을 독립운동에 아낌없이 내놓았죠.

하지만 그 결과는 너무 참혹했어요. 삼백 년 동안 이어지던 경주 만석꾼의 명성은 그의 대에서 끝이 나고 말았으니까요. 그런 최준 선생을 감동시킨 일화가 있습니다. 임시정부의 자금줄로 알려진 백산 안희제 (1885~1943) 선생과 관련된 것인데요, 두 사람은 무역회사를 함께 운영하는 동업자 관계였습니다.

1916년 안희제 선생은 고향의 전답 2천여 마지기를 팔아서 곡물, 면포, 해산물을 판매하는 백산상회의 문을 열었습니다. 3년 뒤 3·1운동이 일어나자 그는 최준 선생의 자본을 끌어들여 주식회사로 확장하는데 그 자본금이 무려 백만 원이었어요. 경성방직과 함께 당시 국내에서 가장 큰 기업이었던 백산무역주식회사는 국내에 18곳, 중국 단동, 봉천, 길림 세 곳에 지점을 세웁니다. 회사의 영업망은 임시정부에 자금을 지원하는 연통제의 비밀 조직으로 쓰였죠. 백산은 회사의 최대주주였지만 그는 최준 선생을 사장으로 앉혀 경영을 맡깁니다. 자신은 독립운동의 방향을 모색하고 임시정부에 자금을 전달하는 일에 전념하기로 하고요. 두 사람은 최준 선생이 무역으로 이윤을 남겨 백산과 동지

백산 안희제 선생　　　백산상회 옛 모습

들에게 건네면 그 돈을 '세탁'해 상하이에 보내는 방식으로 서로 역할을 나눴던 거죠. 하지만 회사 자금을 임정에 무리하게 지원한 데다 일제가 감시망을 좁혀오면서 백산무역은 1928년에 문을 닫고 말았습니다.

독립 자금이라는 것이 기록으로 남기기가 곤란하다 보니 실제 지원한 것보다 많을 수도 있고 반대로 부풀려지거나 과장될 수도 있지요. 백산 안희제는 '임시정부의 자금줄'로 알려졌고 '미다스의 손'으로 불리기도 했습니다. 그만큼 많은 자금을 댔다는 얘기지요. 반면 백산무역이 문을 닫게 되자 최준 선생은 회삿돈을 빼돌린 혐의로 고소당하게 됩니다. 군자금으로 보낸 돈을 장부에 기록해 놓을 수 없으니 회계상으로는 당연히 손해가 날 수밖에 없었던 것이지요. 결국 경영을 맡은 최준 선생이 죄를 뒤집어쓰게 된 것이고요. 같은 일을 하고도 한 사람은 존경받고 다른 한 사람은 감옥에 갇히는 신세가 된 건데요, 그런 상황에서는 누구라도 자기가 낸 돈이 제대로 쓰였을지 의구심을 갖게 되지 않을까요?

오른쪽은 최준 선생(1884~1970), 옆은 동생 최윤

300여 년간 12대를 이어온 최부잣집 창고. 쌀 800석을 보관할 수 있는 현존하는 가장 크고 오래된 목조 곳간으로 알려져 있다.

안희제 선생과 독립자금에 대한 가장 확실한 증언은 백범 김구 선생에게서 나왔습니다. 해방 후 임정 주석으로 귀국한 백범이 경주 최부잣집의 최준 선생을 만나 "선생이 임정으로 보낸 독립 자금을 확실하게 받았다"라고 증언했다는 것인데요, 그 내용은 이렇습니다. 백범이 최준 선생을 경교장으로 초대해 자금의 입출금 내용이 적힌 장부를 꺼내 보여주었습니다. 그것을 본 선생은 눈시울을 붉히며 백산 안희제의 묘소를 향해 통곡했다고 합니다. 백산을 통해 임정에 전달한 최준의 독립운동 지원금 명세서와 백범의 독립운동 자금 장부가 한 푼의 차이도 없이 딱 맞아떨어진 것을 확인했기 때문이지요. 최준 선생 손자의 증언과도 일치하는 대목입니다. 잠시나마 백산을 의심했던 최준 선생은 스스로가 부끄러웠던 걸까요. 몸도 마음도 하나가 되어 목숨을 걸고 함께 싸웠던 동지에 대한 미안한 마음에 회한의 눈물을 흘렸을지도 모르지요. 이 이야기는 임정을 지원했던 백산의 정직성과 초지일관한 애국심이 뚜렷이 드러나는 대목이어서 사람들의 감동을 불러일으킵니다.

최준 선생과 백범 김구 두 사람의 만남은 증언으로 전해질 뿐이며 기록으로 남아있지는 않습니다. 하지만 백산 선생의 독립 자금 지원은 의심의 여지가 없을 정도로 다 알고 있는 얘기지요. 증거 자료는 없지만 어느 누구도 그 사실을 부정하지 않습니다. 기록된 사료를 바탕으로 사실 여부를 가늠하는 역사학자들도 백산이 임시정부의 '돈줄'이었다는 사실을 인정하고 있습니다. 안희제 선생은 정직성과 성실성을 역사의 법정에서 공인받은 셈이지요. 백산무역이 문을 닫은 후 선생은 민족학교를 세우고 만주의 옛 발해 땅에서 독립운동 기지를 만드는 데

힘쓰다가 일경에 체포되었습니다. 그리고 모진 고문을 당한 끝에 1943년 59세를 일기로 옥중에서 숨을 거두었지요.

독립운동사에서 백산 선생이 남긴 자취는 많은 돈을 기부해서만이 아닙니다. 기업을 일구어 재정적 기반을 마련하고 거기에서 이익을 남겨 독립 자금을 만들어나간 점도 높이 평가받아야 합니다. 민족자본 육성을 통한 '지속 가능한' 독립운동 모델을 새롭게 보여준 것이니까요. 오늘날 치열한 경제 전쟁을 치르고 있는 우리 기업들은 한편으로는 사회 공헌이라는 기업의 역할과 책임에 고심하고 있는데요. 백여 년전 백산 선생이 실천한 '의로운 이윤 추구' 정신은 현재의 우리 기업들이 본받아야 할 기업가 정신이라고 생각합니다. 백산 안희제 선생이 뿌린 독립 자금의 씨앗이 이 땅에 반듯한 기업 문화를 만들어 가는 소중한 열매로 맺어진다면 더없이 좋겠습니다.

임진왜란부터 방탄소년단까지, 맛있는 떡 이야기

백산 선생은 여러 방면에서 독립 운동을 펼치느라 경남 의령의 본가에 머무는 날이 많지 않았는데요. 집을 나설 때는 늘 망개떡을 한 보따리씩 싸 들고 가서 동료들과 나눠 먹었다고 합니다. 망개떡은 떡 반죽을 빚어 팥소를 넣고 이를 망개잎에 싼 다음 쪄서 만든

경남 의령의 향토음식 망개떡

의령의 향토음식이지요. 이 떡은 망개잎 특유의 상큼한 향이 배어 있을 뿐만 아니라 속이 편안해지는 특성을 지니고 있어요. 지금도 백산의 생가에서는 선생의 후손들이 5대째 망개떡을 만들고 있습니다. 이들은 "망개떡은 할아버지가 끼니를 제때 챙기지 못했던 독립투사들과 허기를 달래려 나누어 먹던 음식"이라고 말합니다. 또 임진왜란 당시 의병들이 전투 식량으로 망개떡을 사용했다는 얘기도 전해지고 있습니다. 일반 백성들이 산속으로 피해 다닐 때 끼니 대신 먹었다고도 하고요. 떡을 망개잎으로 싸게 되면 흙이나 먼지가 묻지 않고 쉽게 상하지 않아서 그렇게 먹기 시작했다고 하네요.

방탄소년단 멤버 지민

그런데 망개떡이 최근 해외에까지 널리 알려지고 있다는 사실이 재미있습니다. 세계적으로 폭발적인 인기를 누리고 있는 K팝 그룹 방탄소년단의 멤버인 지민 덕분인데요. 지민은 유난히 말갛고 하얀 피부와 보들보들한 볼살로 데뷔 초부터 팬들에게 '망개떡'이라 불렸지요. 얼마 전 그는 자신과 가장 잘 어울리는 단어로 망개떡을 꼽으며 "망개는 뭔가 벗어날 수 없는 무언가인 것

같다"라며 자기 별명에 대해 강한 애착을 드러내기도 했어요. 일본의 침략에 맞선 우리 항쟁의 역사 속에 등장하는 망개떡이 우리의 한류 문화를 상징하는 용어의 하나로 쓰이고 있다는 게 신기하고 놀랍습니다. 앞으로 망개떡이 또 어떤 흥미로운 역사를 써 내려갈지 무척 궁금합니다.

48

희고 흰 천 길 물속으로 · 김도현

1910년 한일병탄을 전후해 스스로 목숨을 끊는 것으로 일제에 저항한 '자정(自靖) 순국자'는 모두 70여 명에 이릅니다. 왕산 허위 선생처럼 모진 고문 끝에 옥중에서 순국하신 분들도 여러 분 계시고요. 자정 순국자와 관련하여 안타까운 사실은 일제가 스스로 목숨을 끊은 사실을 왜곡 날조시켜 퍼뜨렸다는 점입니다. 경술국치 당시 가장 먼저 자결한 금산군수 홍범식 선생이 대표적인 사례지요. 그가 죽자 일제는 서둘러 유서를 압수합니다. 그러고는 그가 일제의 침략에 분개하여 자결한 것이 아니라 우울증이 도져서 자살했다고 발표합니다. 죽음으로써 일제에 맞선 사람을 정신이상자로 몰아붙이는 비열한 짓을 한 거죠. 을사늑약에 앞서 자결한 주영국공사관 대리공사 이한응 열사에 대해서도 일제는 '우울증의 발광'으로 음독자살했다고 사실을 왜곡해 버렸어요. 자정 순국이 몰고 올 파장을 막기 위한 일제의 간교한 책동이었습니다. 하지만 손바닥으로 하늘을 가릴 수는 없는 법. 너무나 장엄하고 숭고해서 일제의 선전술 따위는 전혀 먹혀들지 않은 자정 순국도 있었지요.

벽산 김도현 선생

경북 영양군 청기면 상청리에 있는 검산성(劍山城). 벽산이 만든 검산성은 일월산을 중심으로 펼쳐진 항일 의병 활동의 주요 거점이었다. 성은 지금은 200m 정도만 남아있다.

스스로 바닷속으로 걸어 들어가 목숨을 끊은 도해(蹈海) 순국. 제국주의 침략에 맞선 전 세계 항쟁사에서 이처럼 장렬한 죽음의 사례는 어디에서도 찾아볼 수 없습니다. 과연 누가, 어떤 사연이 있었길래 그런 순국의 길을 택했던 것일까요? 벽산 김도현(1852~1914) 선생이 바로 그 주인공인데요, 경북 영양의 천석꾼 집안에서 태어난 그는 어려서부터 총명하여 마을 사람들의 칭송이 높았습니다. 유교의 가르침 속에서도 선생은 진법(陣法)놀이를 즐기는 무인 기질을 보였다고 해요. 을미사변이 터지자 그는 사재를 털어 산성을 쌓고 의병을 일으켰어요. 일제 침략에 맞서 싸우던 선생은 고종의 조서를 받고 어쩔 수 없이 의진을 해산하게 되지만 1907년에 고종황제로부터 '분격장군'에 봉해지는 밀지를 받아 다시 의병을 일으킵니다. 그렇지만 본격적인 활동을 펼치기 전에 일본군에게 붙잡혀 옥에 갇히고 맙니다.

그 후 풀려난 벽산 선생은 고향에 근대식 학교를 세우는 데 참여하는데요. 유학자 출신의 의병장이 신식학교 교육자로 변신하게 된 거죠.

기록에는 그가 영흥학교를 설립하는 과정에서 일본군 헌병대장을 면담하고 지원까지 받았다고 전해집니다. 그때 친일파 군수가 "만약 일본 경찰을 만나보지 않으면 당장 아버지에게 화가 미칠 것이다"라며 선생을 협박했기 때문이지요. 모든 일에 효를 우선하며, 특히 부친에 대한 효심이 지극했던 벽산의 성품을 철저히 이용했던 겁니다. 주변 사람들은 신식교육에 참여하고 일제에 몸을 굽힌 벽산을 호되게 비판했지만 그는 묵묵히 받아들일 뿐 어느 누구도 원망하지 않았다고 합니다.

벽산은 일제 침략 시기에 세 차례나 자결을 결심하지만 그 실행은 번번이 미뤄지고 맙니다. 부친보다 먼저 세상을 버릴 수 없다는 효심이 그만큼 깊었던 탓이지요. 1914년 9월 부친이 85세를 일기로 사망하자 선생은 자신의 뜻을 실행하기로 결심합니다. 석 달 동안 곡을 하며 우는 졸곡제(卒哭祭)를 마치고 죽음의 길을 떠납니다. 며칠을 걸어서 바닷가에 있는 산수암에 도착한 벽산은 죽음에 임하는 절명시(絕命詩)를 남깁니다.

'나라가 망하니 눈물이 하염없고
어버이 여의니 마음도 아프구나

희고 흰 천 길 물속은
이 내 한 몸 감추기 넉넉하겠구나'

이 시에는 의병을 일으킨 이래 19년 동안 쉼 없이 싸워왔지만 결국

적에게 나라를 빼앗겨버린 억울함과 분함이 깊이 배어 있습니다. 자손들에게는 "내가 한번 바다에 들어가면 맹세코 다시 나오지 아니하리라. 너희들은 절대로 시신을 찾으려 하지 말라"라는 유언을 남기지요. 황급히 뒤쫓아 온 가족들의 만류를 뿌리치며 벽산은 "나는 이제 웃음을 머금고 간다"라면서 대나무 지팡이를 짚으며 파도가 휘몰아치는 바다를 향해 묵묵히 나아갔습니다. 1914년 12월 23일 새벽, 일출이 시작되어 붉은빛이 하늘로 솟아올랐지만 그의 모습은 더 이상 보이지 않았어요. 이렇게 벽산 김도현 선생은 영덕 앞바다에서 장엄한 최후를 마쳤습니다.

1910년 한일병탄을 전후해 많은 사람이 "왜의 백성이 될 수는 없다"라며 스스로 목숨을 끊었습니다. 뒷산 소나무에 목을 매고, 칼로 배를 가르거나, 곡기를 끊어 굶어 죽었지요. 벽산 김도현 선생처럼 스스로 바다로 걸어 들어가 죽음으로써 일제에 저항한 사례는 어디서도 찾을 수 없습니다. 하지만 선생을 주목하게 되는 건 죽음의 방식보다는 삶의 참된 가치를 실천한 점일 것입니다. 지금이야 낡아빠진 가치관으로 치부할 수도 있겠지만 충효사상은 그 당시 민중들의 삶에서 가장 중요한 덕목이었어요. 유림계가 "충과 효를 모두 이루었다"라며 그를 찬양하는 데 주저하지 않은 것도 그 때문이었습니다.

순국 이듬해인 1915년, 전국 유림에서 그의 순국을 기리는 도해비를 세웠습니다. 일제는 즉시 비석을 뽑아내 부순 다음 바다에 빠뜨려 버렸는데요, 총칼보다 더 무서운 선비 정신이 퍼져나가는 것을 두려워했기 때문이지요. 선량한 이웃나라를 무력으로 짓밟은 일제는 죽은 사람은 물론 그를 기리는 비석조차 무서워했습니다. 일제 스스로 자기들이 저지른 만행의 결과가 두려웠던 탓이겠지요. 민족의 수난기에 충의지사의 기개와 절개를 널리 떨친 벽산 김도현. 동해 바다 천 길 물속에 깃든 처절한 그의 넋은 그 어떤 말로도 위로가 되지 않을 것입니다.

경상북도 영덕군 영해면 대진리 바닷가에 있는 도해단과 박정희 대통령이 쓴 '천추대의'라는 휘호가 새겨진 비문

특명, 밀서를 전달하라! • 김창숙

여기에 버선과 노끈, 기모노 그리고 짚신이 있습니다. 아무 관련이 없을 것 같은 물건들인데요. 그렇지만 거기에는 한 가지 공통점이 있습니다. 이 물건들 속에 숨은 사연을 따라가다 보면 우리 독립운동사의 커다란 분수령이 된 한 사건과 만나게 됩니다. 바로 3·1운동이죠. 유관순 열사의 올케 조화벽 여사는 3·1 독립선언서를 버선 속에 숨기고 고향인 강원도 양양까지 가서 만세시위를 이끌었습니다. 김마리아 선생은 도쿄에서 2·8 독립선언문을 한 자 한 자 필사한 뒤 기모노 허리띠에 감추고 현해탄을 건넜지요. 해방 후에 국회의장을 지낸 곽상훈 선생은 독립선언서 내용을 종이에 베낀 다음 이를 노끈으로 꼬아 숨겨서 고향으로 가져갔고요.

남성들은 선언서를 신발 밑창이나 두루마기 소매, 상투 속에 감춰 일제의 검문을 피했습니다. 이처럼 누구도 생각하지 못한 기발한 방법으로 선언서를 전달한 덕분에 3·1운동은 거국적인 민족독립운동으로 퍼져 나갈 수 있었습니다. 그런데 이 네 가지 물건 가운데 짚신은 독립선언서와 어떤 관련이 있을까요? 언뜻 생각해내기가 쉽지 않은데요, 누

역사는 스토리다 / 독립영웅을 만든 장면 50

가 어떻게 짚신을 이용했는지 그 이야기 속으
로 들어가 보겠습니다.

심산 김창숙 선생

3·1운동을 주도한 민족대표는 천도교와 기
독교, 불교계의 지도자들이었습니다. 유림들
은 민족대표 33인의 명단에서 빠졌지요. 수백
년 전통을 지닌 유교의 나라에서 유림계가 민
족대표에 들지 못한 것을 치욕으로 여긴 사람이 있었습니다. 심산 김창
숙(1879~1962) 선생이었지요. 그는 명망 있는 선비 집안에서 태어났지
만 18살에 부친상을 당한 후 술로 방탕한 생활을 했다고 해요. 그러던
어느 날 어머니의 호통을 듣고 나서 마음을 고쳐먹고는 저명한 유학자
들에게 가르침을 받게 됩니다. 1905년 을사늑약이 체결되자 심산은 대
궐 앞에 나아가 "을사오적의 목을 베라"라고 상소합니다. 3·1운동이
일어난 후 그는 늦었지만 유림의 수치를 만회할 수 있는 방법을 궁리해
냈어요. 그것은 바로 전국 유림 대표의 이름으로 독립청원서를 작성하
는 것이었죠.

그 무렵 제1차 세계대전이 끝나고 전 세계는 새로운 국제질서를 만
들 필요성을 느낍니다. 그리고 각국 대표들은 파리에 모여 1년에 걸쳐
평화회의를 열었어요. 이것이 그 유명한 파리강화회의입니다. 그때 미
국의 윌슨 대통령은 전 세계를 향해 민족자결주의를 선포하는데요. 모
든 민족은 그들이 정치적 운명을 스스로 결정할 권리가 있으며, 다른
민족의 간섭을 받지 않아도 된다는 주장이었죠. 일제에 나라를 빼앗긴

우리 입장에서는 민족자결주의가 얼마나 든든한 희망이었겠어요. 중국 상하이에서 활동하는 신한청년단은 즉시 대표단을 꾸려 독립의 희망이 보이는 파리로 향합니다. 유림계도 이에 뒤질 수 없었죠. 유림 대표들은 파리 강화회의에 '한국은 민족의 운명을 스스로 결정할 수 있는 능력이 충분하니 독립을 인정해 달라'는 내용이 담긴 독립청원서를 보내기로 합니다. 긴 문장의 편지라고 하여 '파리장서'로도 불리는 이 청원서는 전문만 2천7백여 자에 달하며 137명의 유림계 인사들이 여기에 이름을 올렸습니다. 막상 청원서를 만들었지만 그들의 계획을 가로막는 문제가 생겼어요. 어떻게 일제의 눈을 피해 그것을 프랑스까지 보내느냐는 것이었지요. 그때 떠오른 기발한 아이디어가 있었는데요. 바로 미투리였습니다.

미투리는 종이나 헝겊을 가늘게 꼬아 만든 짚신입니다. 옛날에는 종이가 비쌌기 때문에 선비들은 다 읽은 책을 오려서 물에 불렸다가 새 끼줄처럼 꼬아 신발을 만들어 신었지요. 심산과 유림 동지들은 청원서의 글자가 훼손되지 않도록 선언서를 한 줄씩 잘라낸 뒤 날줄로 꼬아 미투리로 만들었습니다. 한 올 한 올 정성을 다해 만들어야 하기 때문에 미투리 한 켤레를 만드는 데 꼬박 열흘이나 걸렸다고 합니다. 김창

복원 제작한 미투리 신발

유림계의 독립청원서인 파리장서

역사는 스토리다 / 독립영웅을 만든 장면 50

숙 선생은 자기 머리의 상투를 스스로 잘라버리고 마치 중국인처럼 위장한 다음, '미투리' 독립선언서를 가지고 중국행 기차에 오릅니다. 일제의 검문과 감시를 피해 파리장서를 해외로 가져가는데 미투리는 정말로 기상천외한 방법이었어요. 어느 누구도 짚신에 깨알같이 적힌 글자들이 독립을 탄원하는 내용이라는 것을 상상조차 할 수 없었거든요.

1919년 3월 23일 경성을 떠난 심산 선생은 중국 선양을 거쳐 나흘 만에 상하이에 도착합니다. 그러나 선생은 상하이의 신한청년당에서 이미 일주일 전에 김규식 선생을 파리강화회의에 보낸 사실을 뒤늦게 알게 되죠. 너무나 안타까운 일이었어요. 그는 장서를 영문본 2천 부와 한문본 3천 부로 만들어 파리에 있는 김규식 선생에게 우편으로 보내고 서양 각국과 중국의 공관과 학교 등에 발송했습니다. 김창숙 선생은 상하이에 남아서 독립운동을 계속했는데요, 임시정부 의정원 부의장을 지냈고 의열항쟁도 도왔습니다. 1927년 일제에 붙잡혀 국내로 송환된 선생은 무기징역을 선고받았습니다. 선생은 일제의 잔악한 고문에 두 다리가 마비되는 등 온갖 모진 고통을 겪다가 감옥에서 해방을 맞았는데요. 해방 후에는 반독재 민주화 투쟁을 이어가며 미투리를 만든 그 투철한 항쟁의 정신을 죽을 때까지 간직했습니다.

심산 선생을 비롯해 많은 사람이 목숨을 걸고 독립선언서를 몰래 숨겨서 만세 함성을 이끌어냈습니다. 갖가지 기발한 방법으로 선언서를 삼천리 방방곡곡, 멀고 먼 유럽 대륙에까지 전달한 덕분에 독립을 향한 큰 걸음이 시작될 수 있었지요. 한반도를 넘어 세계로, 폭발적으로

김창숙 선생이 1950년대 자신이 설립한 성균관대학교에서 교직원, 학생들과 함께한 모습.

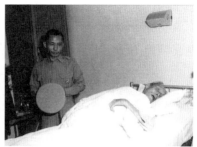

1962년 5월 5일 박정희 국가재건최고회의 의장이 김창숙 선생의 병상을 방문한 모습. 선생은 그의 병문안 5일 뒤에 사망했다.

번져나간 독립 의지는 목숨을 걸고 민족의 염원을 전달한 노력의 결과였습니다. 그리고 그런 피나는 노력 덕분에 3·1운동은 전 세계 독립운동사에서 그 유래를 찾아볼 수 없는 민족해방운동으로 기록될 수 있었습니다.

"이보다 더 완벽한 항전은 없다" · 박상진

    일제강점기였던 1915년 12월 24일 새벽, 경주에서 우편마차가 2인조 무장괴한에게 습격을 당합니다. 무장괴한 중 한 사람은 환자로 가장해 병원 치료를 핑계로 미리 마차에 올라타 있었고, 다른 한 사람은 나무로 만들어진 다리를 부순 뒤 근처에 몸을 숨기고 있었지요. 마차가 다리 앞에서 잠시 멈추었다가 하천 길로 천천히 내려가는 사이에, 두 사람은 재빨리 우편 행낭을 칼로 찢고 현금 8천7백 원을 챙겨 달아났습니다. 요즘 가치로 환산하면 4억 원쯤 되는 큰돈이었습니다. 당시 우편마차는 우편물뿐만 아니라 일제가 약탈하듯이 거둬들인 세금을 실어 날랐는데요. 우편마차 습격은 지금으로 치면 '은행털이'와 같은 강력 범죄였어요. 일경은 즉각 수사에 나섰습니다. 하지만 돈을 털어간 사람들에 대한 어떤 단서도 찾을 수 없었지요. 그 사건은 일제강점기 내내 미해결 사건으로 분류된 '완전범죄'였어요. 구한말 의병들과 일제강점기 독립군들이 군자금을 마련하기 위해 수없이 우편마차를 습격했지만 대부분 실패에 그치고 말았습니다. 그런데 경주 우편마차 사건의 범인만은 끝끝내 붙잡히지 않았던 것이죠. 그 사건은 이렇게 어떻게 완벽하게 성공할 수 있었을까요?

박상진 의사

경주에서 일어난 우편마차 습격 사건은 항일 무장단체인 대한광복회가 일으킨 거사였습니다. 광복회는 전국에 독립운동 거점을 확보하고 친일 부호들을 암살하는 활동을 펼친 국내 최대의 비밀결사 조직이었는데요. 이 단체를 만든 박상진(1884~1921) 의사는 의병장 허위의 문하에서 한학을 배운 인물입니다. 그는 이후 신학문인 법학과 경제학을 공부하여 평양 법원의 판사로 임용되죠. 그래서 한국 최초의 판사로 알려져 있어요. 하지만 그는 한일병탄이 이뤄지자 판사직을 내던지고 항일 전선에 뛰어듭니다. 박 의사는 법관 출신답게 매우 치밀한 투쟁 전략을 세우지요. 그는 국내와 만주에 비밀 연락망을 구축해 항쟁의 거점으로 삼고 독립군을 양성하기 위한 군자금 모금에 나섭니다. 먼저 전국에 있는 자산가들의 인적 사항과 성향, 재산 규모 등을 상세히 조사합니다. 또 이들에게 보낼 포고문을 작성하는데요. 박상진 의사는 이 포고문을 통해 '보금자리가 깨진 곳에 어찌 알이 완전할 수 있겠는가'라며 '재력 있는 자는 각자 의무를 다하여 광복회의 요구에 응할 것'을 촉구합니다.

여기서 눈여겨봐야 할 점은 포고문을 국내에서는 물론이고 해외에서도 보냈다는 사실입니다. 한 곳에서만 보낼 때 생길 수 있는 위험을 예상하고 이를 미리 차단하는 치밀함을 보여준 것이지요. 박 의사는 포고문을 발송할 때도 날짜를 나누어 단둥과 봉천 등 중국 여러 곳에서 국내로 보냅니다. 포고문을 받는 사람들 중에는 광복회 자금을 총괄했던 경주 최부잣집의 최준 선생도 포함되어 있었어요. 최준 선생에게 포고문을 보낸 것은 그가 광복회와 무관하다는 것을 증명하기 위한 '위장술'이었습니다. 박상진 의사가 조직을 얼마나 세심하고 치밀하게 이끌었는지 알 수 있는 대목입니다.

박 의사와 같이 활동한 우재룡 선생의 일대기에 따르면 포고문에 광복회 인장을 찍고 이를 절반으로 잘라 한쪽은 포고문에 붙이고 다른 한쪽은 광복회원이 자금을 받을 때 제시하는 '합표(合標)' 방식을 사용했다고 합니다. 그뿐만 아닙니다. 광복회 회원들은 자신들이 조사한 자산가 명단을 잉크나 먹물 대신 소금물로 적었는데요. 소금물로 문서를 작성하면 평소에는 잘 보이지 않지만 불에 쬐면 글씨가 나타나게 되는 현상을 이용했던 거지요. 그들은 '광부 한 명을 얻었다', '금광 1개소를 발견했다'와 같은 용어도 사용했습니다. 그 말은 '광복회 단원 1명을 입회시켰다', '자금을 조달할 단원 1명을 찾았다'라는 뜻이었어요. 이처럼 광복회 단원들은 비밀을 유지하기 위한 은어를 사용하고, 자금 모집과 무기 전달에 합표를 만들어 사용할 정도로 용의주도한 모습을 보였습니다.

독립운동가 백산 우재룡(1884~1955)은 구한말 의병장과 광복회 지휘장을 지냈고 경주 우편마차 사건의 주역이다.

그 무렵 박상진 의사는 만주에서 구입한 무기를 국내로 들여오다가 일경에 붙잡히게 됩니다. 하지만 워낙 치밀하게 거사를 준비해온 터라 박 의사에 대해 그 이상의 죄는 밝혀지지 않았죠. 얼마 후 풀려난 그는 군자금 확보에 발 벗고 나서지만 자산가들이 광복회의 군자금 요구에 쉽게 응할 리가 없었지요. 그는 친일 부호를 암살해 자산가들에게 두려움을 느끼게 하는 전략을 세웁니다. 1917년 11월 광복회 단원들은 경상도 관찰사를 지낸 친일 부호 장승원을 처단하고, 이듬해 1월에는 아산군 도고면 면장이자 악질 부호인 박용하를 살해합니다. 그러다가 포고문을 받은 자산가들이 일경에 신고하는 바람에 군자금 모금액은 7백여 원에 그치고 말았지요. 더구나 친일 부호들을 처단하는 과정에서 광복회 조직이 일제에 발각되어 박 의사는 또다시 체포되었고요. 사형을 선고받은 그는 옥고를 치르다가 순국하게 됩니다.

일제의 무단통치를 비웃기라도 하듯 박상진 의사는 만주와 국내를 오가며 신출귀몰한 활동을 벌였습니다. 경주의 세금 마차 습격 사건과 군자금 모금을 위한 포고문 발송 활동에서 보듯이 놀라울 정도로 치밀한 면모를 보여주었지요. 그 덕분에 일제의 감시가 엄중한 국내에서 가장 전투적인 비밀결사 조직을 3년 동안이나 이끌 수 있었습니다. 대한광복회는 한일병탄 이후 침체된 독립항쟁의 공백을 메우고 3·1운동으로 이어질 수 있도록 만든 의미를 지닌 조직이었어요. 오늘날 광복회가 역사적 평가를 받을 수 있게 된 데는 박상진 의사의 '이보다 더 완벽할 수 없는' 전략적 사고가 결정적인 역할을 했습니다.

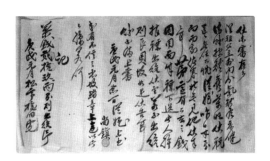

유림계의 독립청원서인 파리장서

과거에는 일본은 치밀하고 섬세한 반면, 한국은 '얼렁뚱땅'이라는 말로 얼버무리는 일이 많았습니다. 스포츠 분야에서도 일본 야구가 한국에 비해 정교하고 세련된 것에 한국 사람들은 공연히 주눅 들곤 했지요. 그러나 그것도 이젠 옛말이 되었습니다. 꼼꼼한 야구, 분석하는 야구도 이제는 한국의 것이 되어가고 있는 것은 꿈이 아닌 현실이죠. 이곳저곳에서 세상이 변했다는 사실을 확인하게 되는데요. 박 의사가 독립운동을 할 때 우리 민족의 꿈은 광복을 이뤄 일본을 넘어서는 나라를 만드는 것이었겠지요.

그것은 나라를 되찾은 다음 하나하나 현실이 되었습니다. 전쟁의 폐허 속에서 굶주림을 견뎌낸 뒤 입고 자는 것을 해결했습니다. 그 후에는 우리의 핏속에 흐르는 꼼꼼함, 융통성과 역동성이 한데 어우러져 세계의 모범적 사례들이 잇따라 한국인의 손에 의해 이뤄졌고요. 조선, 화학, 기계 그리고 전자와 반도체 산업에서 일본을 추월하는 기적을 일으킨 것입니다. 그것이 어찌 배고프디고 이룰 수 있는 일인가요. 그것이 고생하고 힘들고 의지만 있다고 되는 일들인가요. 원래 한국인은 그런 DNA를 가진 민족이었던 게 아닐까요. 그것을 한때 잃어버렸다가 나라를 빼앗긴 절박함 속에서 박상진 의사처럼 치밀한 항전의 전략을 짜내면서 되찾게 되어 오늘에 빛난 것이겠지요. 우리가 현재를 지키고 후대를 위해 더 나은 미래를 설계해야 할 의무와 책임을 져야 하는 이유는 바로 여기에 있다고 생각합니다.

식민지 농촌을 한없이 사랑한 혁명가 · 윤봉길

1932년 4월 29일, 중국 상하이 훙커우 공원에서 터진 폭탄은 일제의 강압 통치로 사그라지던 민족의식을 일깨우는 계기가 되었습니다. 윤봉길 의사의 거사는 국내외에 엄청난 반향을 일으켰는데요, 장제스 총통은 "중국의 100만 대군도 못 한 일을 조선의 한 청년이 해냈다"라며 당시 어려움에 처해 있던 우리 임시정부를 적극적으로 돕기 시작했습니다. 훙커우 의거는 그 후 카이로 회담에서 한국 독립의 당위성을 인정받는 계기가 되었고 이는 결국 독립을 이뤄내는 결과로 이어졌지요. 윤 의사는 자유, 정의, 평화라는 인류의 보편적 가치를 위해 25년의 짧은 생을 뜻깊게 바쳤던 것입니다. 그는 대체 언제부터, 또 어떤 이유로

윤봉길 의사

윤봉길 의사의 거사 직후 훙커우 공원 모습

이처럼 엄청난 거사를 준비했을까요? 우리가 윤봉길 의사에게 지니고 있는 투사의 이미지와 달리 그는 시문집을 낼 정도로 시에 조예가 깊은 문학청년이었거든요. 널리 알려지지는 않았지만 농촌계몽운동가로도 활동했고요.

　윤봉길(1908~1932) 의사는 고향인 충남 예산에서 보통학교를 다니다 자퇴하고 오치서숙에서 한학을 배웁니다. 그 무렵 윤 의사의 인생에 전환점이 될 만한 중요한 일이 벌어지는데요. 어느 날, 서숙에서 수업을 마치고 집으로 가던 도중에 숨을 헐떡이며 공동묘지 비탈길을 내려오는 한 남자를 만나게 됩니다. 그의 가슴에는 묘지에서 뽑아 온 것으로 보이는 나무 팻말이 한 아름 안겨 있었지요. 그는 윤 의사에게 다가와 애타는 표정으로 "글을 읽을 줄 아느냐"라고 물었습니다. 글을 안다는 윤봉길의 대답에 남자는 자신이 안고 있던 팻말들을 바닥에 죽 늘어놓았어요. 팻말에는 무덤 주인들의 이름이 적혀 있었죠. 어쩐 일로 묘지 팻말들을 그렇게 많이 뽑아왔느냐고 묻는 윤 의사의 질문에 남자는 "글을 몰라 아버지 산소를 찾을 수 없어 닥치는 대로 팻말을 뽑아왔다"라고 말했습니다. 윤 의사는 그 자리에서 남자 아버지의 이름을 찾아주었어요. 남자는 그 팻말을 얼싸안고 고맙다며 연신 고개를 숙였습니다.

　하지만 그는 끝내 아버지의 묘를 찾을 수 없었습니다. 아버지 묘의 팻말을 찾기는 했지만 그 팻말을 어느 묘에서 뽑아 왔는지 알 수 없었거든요. 자신의 아버지는 물론이고 다른 사람의 묘소까지 찾지 못하게 만들어 놓은 꼴이 되어버렸죠. 낫 놓고 기역 자도 모르는 무지함이 빚어낸 황당하고 안타까운 일이었어요. 뒤늦게 상황을 알아차린 그 사내는 땅바닥에 털썩 주저앉아 대성통곡하기 시작했습니다. 힘들게 아버지의 묘지 팻말은 찾았지만, 그 묘가 어딘지 알 수 없으니 그의 마음이 어땠을까요. 목 놓아 서럽게 우는 그를 바라보던 윤봉길 의사는 '일본 제국주의보다 더 무서운 것이 무지'라는 것을 깨닫게 됩니다.

묘지 팻말 사건 이후 윤 의사는 문맹 퇴치 운동을 통해 피폐한 농촌을 부흥시켜야겠다고 다짐합니다. 먼저 자신의 집 한 칸에 야학을 열었는데요, 의외로 많은 사람이 모여들었습니다. 그는 갑과 을로 반을 나누어 사람들을 가르쳤고 해마다 학예회도 열었어요. 야학당에서는 한글과 역사, 산술, 과학, 영농 지식 등을 가르쳤으며 윤 의사는 『농민독본』 3권을 직접 써서 교재로 사용했습니다. 『농민독본』 가운데 제1권은 '조선글 편'인데요, 당시는 한글 사용이 통제받던 시기여서 몰래 장판 밑에 숨겨놓았다가 수업 때만 꺼내 공부했다고 합니다. 일반상식을 다룬 제2권 '계몽 편'에서는 '내일에 미루어 좋은 것은 가난밖에 없나니라'라는 격언을 들어 "농민들이 나태함을 극복하여 가난에서 벗어나야 한다"라고 역설했습니다. 제3권 '농민의 앞길 편'에서는 양반과는 다른 농민의 사명을 강조하고 '조선은 농민의 나라'라며 농민들에게 긍지와 자부심을 심어주었고요. 직접 교재까지 만들어 농민들을 깨우치려고 한 윤봉길 의사의 이야기가 놀랍지 않나요? 이처럼 『농민독본』에는 그가 훙커우 공원에 폭탄을 던진 혁명가이기 이전에 농촌계몽운동가였다는 사실이 생생하게 드러나 있습니다.

〈윤봉길 의사 선서문〉　　윤 의사가 야학에서 한글을 가르치는 데 사용한 교재

　　19살에 시작한 농촌 계몽 활동은 3년 넘게 이어졌습니다. 윤 의사는 "두 팔 걷고 두 발 벗고 어서 빨리 자작자급 실현을 하자", "상조상애 넉 자를 철안(鐵案, 오랜 세월이 지나도 변하지 않는 결정) 삼아서 굳세게 단결하자"라고 밤낮을 가리지 않고 가르쳤습니다. 그러나 윤 의사가 그렇게 힘을 다해 외쳐도 가난의 굴레는 오히려 조선 농촌을 더욱더 거세게 옥죌 따름이었지요. 일제의 수탈로 더 이상 말라버릴 것도 없이 처참해진 고향 산천을 바라만 보고 있을 수 없었던 그는 '철권으로 적을 즉각 쳐부수자'라고 다짐합니다. 교육 대신 주먹으로 일제에 맞서 싸우겠다고 결심한 거죠.

　　농촌 계몽 운동으로 독립을 이루려 했던 뜻을 접어야만 했으니 얼마나 크게 상심했을까요. 하지만 그는 투사가 되어 독립의 열망을 이어나 갑니다. 그리고 당시 많은 독립운동가들이 활동하고 있었던 중국으로 향합니다. 고향을 떠나 상하이로 가면서 윤 의사는 "사랑스러운 부모 형제와 애처, 애자와 따뜻한 고향 산천을 버리고 쓰라린 가슴을 부여잡고 압록강을 건넜다"라며 비장한 각오를 가슴속에 새깁니다. 홍커우 공원의 거사는 압록강을 건너기 전, 고향 땅에서 이미 그 싹을 틔우고 있었던 거죠.

식민지 조선의 농촌과 농민을 너무나 깊이 사랑한 윤봉길 의사. 그는 가난한 이웃, 못 배운 이웃을 외면하지 않았습니다. 윤 의사는 세상을 혼자만 살 수 없다는 것을 일찍 깨달았어요. 그러나 그의 주변엔 일제의 사슬에 묶여 가난과 억압에 시달리는 동포들뿐이었지요. 그 사슬을 끊어내는 일은 스스로 자각하여 힘을 모으는 일이라고 생각했고 그것을 행동으로 옮기겠다는 열정을 품었습니다. 그 열정이 좌절을 안긴 적도 있었지만 그는 결코 포기하지 않고 투지를 불태웠습니다. 그렇게 뜨거워진 윤 의사의 투지가 훙커우 의거로 이어졌고 결국 오늘의 독립된 나라를 이루는 계기가 되었다고 해도 지나친 말은 아닐 것입니다.

"훙커우는 '동해'의 진실을 알고 있다"

윤봉길 의사의 『농민독본』에 그려진 지도에는 '동해' 글씨가 선명하게 나타나 있습니다. 동해 표기는 윤 의사가 학생들에게 우리의 바다를 끝까지 지켜야 한다는 점을 강조한 뜻으로 알려져 있죠. 그런데 1928년에 일본 해군의 노무라 기치사부로 일당은 조선해를 '일본해'로 뒤바꿔버립니다. 노무라는 국제수로국이 만드는 첫 채색 지도에 '조선해와 그 영역'을 '일본해와 그 영역'으로 고치는 음모를 꾸며 국제사회를 기만하지요. 당시 식민지였던 조선은 어디다 호소할 길도 방법도 없었고요.

그로부터 4년 뒤인 1932년 4월 상하이 훙커우 공원에서 윤봉길 의거가 일어납니다. 윤 의사가 던진 폭탄으로 여러 명의 사상자가 발생하지요. 그들 가운데 한쪽 눈을 잃게 된 사람도 있었는데요, 그가 바로 해군 중장 노무라였습니다. 『농민독본』으로 동해를 가르쳤던 윤 의사는 우리 바다를 일본 것으로 둔갑시킨 자의 한쪽 눈을 멀게 만들어 버린 거죠. 훙커우 의거는 동해 바다와 얽힌 또 하나의 역사적

노무라 기치사부로(1877~1964). 훙커우 의거로 오른쪽 눈을 실명한 그는 태평양전쟁 개전 당시 주미대사를 지냈고 패전 후에는 해군 자위대 창설을 주도했다.

의미를 지니고 있는 셈입니다. 해방을 맞은 지 어느덧 70여 년, 영토는 되찾았지만 바다 이름은 온전히 찾지 못하고 있습니다. 아직도 제자리를 찾기 위해서는 해야 할 일이 많은 한국과 일본의 역사입니다.

『농민독본』의 지도에 동해 글자 (원 표시)가 선명하게 쓰여 있다.

토시의 비밀 · 이남규

1대 이남규, 의병장으로 처형

2대 이충구, 부친과 함께 처형

3대 이승복, 종로경찰서 폭파 사건 참여

4대 이장원, 6 ·25 전쟁에서 전사

  우리나라에서 유일하게 4대(代)가 국립현충원에 안장된 가문이 있습니다. 그 주인공은 수당 이남규 선생의 가문인데요, 수당 가문은 1855년부터 1951년까지 한 세기를 거치는 동안 나라가 위기에 빠졌을 때마다 목숨을 아끼지 않고 싸웠습니다. 나라를 위해 희생한 네 분 모두 집안을 책임지는 맏아들이기도 했고요. 물론 수당 가문 말고도 대를 이어 나라를 위해 목숨을 바친 사례는 꽤 있지요. 하지만 4대에 걸쳐 숭고한 희생을 이어간 가문은 이 가문이 유일합니다. 그렇다면 이 가문은 어떻게 그토록 나라를 위해 목숨을 아끼지 않았을까요? 과연 수당 선생의 가문에는 무슨 일이 벌어졌던 것인지 궁금해집니다.

  수당 이남규(1855~1907) 선생은 문과에 급제한 후 성균관 교수가 되

수당 이남규 선생

어 단재 신채호를 비롯해 많은 제자를 길러
낸 선비입니다. 그는 구한말 외세의 침략으
로 나라가 어지러워지자 구국의 길을 선택
합니다. 몸소 전투에 참여하지는 않았지만
민종식이 이끄는 홍주의병의 선봉장으로
이름을 올리기도 하지요. 명망이 높은 수당
을 선봉장으로 내세워 유림의 협조와 주민
들의 호응을 끌어냈던 거죠. 그러다가 일본
군과의 치열한 공방전 끝에 의병들이 패배
하자 수당 선생은 의병장 민종식을 자신의
집에 숨겨줍니다. 친일파들은 그 사실을 일본군에게 알리며 "수당을 없
애지 않으면 충청도에 편안한 날이 없을 것이다"라고 주장합니다.

1907년 9월 일본군은 수당이 머무는 집을 포위하고 그를 체포하여
포박하려고 했는데요. 선생은 대청마루에 꼿꼿이 선 채로 "선비를 죽
이기는 해도 욕보일 수는 없다"라며 스스로 가마에 올라 집을 나섰다
고 해요. 선비의 곧고 바른 성품이 느껴지는 대목이지요. 이렇게 선생
이 조금도 굴복하는 기색이 없자 일본군 중 하나가 칼을 뽑아 들이댔
는데, 그때 맏아들 충구와 가마를 메고 가던 하인이 일본군의 칼을 막
아섰어요. 극악무도한 일본군들은 그 자리에서 세 사람 모두 죽이고
말았죠. 이것이 수당 이남규 선생의 집안이 4대에 걸쳐 나라를 위해
목숨을 바친 숭고한 여정의 시작입니다.

이렇게 할아버지와 아버지를 한꺼번에 잃게 된 이승복(1895~1978) 선생도 나라를 구하는 길을 선택했습니다. 그는 러시아와 만주에서 독립운동의 기반을 닦았고 상하이 임시정부의 연통제 조직을 만드는 데도 힘을 보탰습니다. 1923년 이승복 선생은 김상옥 의사의 '종로경찰서 폭파 의거'에 연루되어 큰 고초를 겪었어요. 또 민족주의 진영과 사회주의 진영이 힘을 합친 '신간회'의 발기인으로도 참여했고요. 조국 독립에 평생을 바친 그는 서대문형무소에 수감되었다가 광복이 된 후 풀려납니다. 그의 아들 이장원(1929~1951) 중위도 나라를 구하다가 목숨을 바치게 되지요. 이 중위는 6·25 전쟁이 한창이던 1951년 해병대에 입대해 함경남도 원산의 황토도에 소대장으로 부임하는데요. 그곳은 북한군이 국군에 필사적으로 저항하던 격전지 가운데 하나였죠. 그래서 황토도 전투에서는 우리 국군도 북한군도 많은 전사자가 나온 곳입니다. 이장원 중위는 결국 적의 포탄에 부하 세 명과 함께 장렬한 최후를 맞았습니다.

4대에 걸쳐 나라에 목숨을 바친 가문. 그 희생정신은 어디서 나온 것일까요? 수당 선생이 일본군에게 붙잡혀 갈 때 그는 팔에 토시를 끼고 있었습니다. 그가 충남 아산이 한 냇가에서 일본군의 칼에 맞고 쓰러지자 그 토시

위 왼쪽부터 시계방향으로 1대 이남규, 2대 이충구, 4대 이장원 중위, 3대 이승복 선생

는 시뻘건 피로 물들었어요. 이후 선생의 피 묻은 토시는 이 집안의 정신적 기둥이자 나아갈 방향을 인도하는 가보가 되었습니다. 독립기념관장을 지낸 수당의 증손자 이문원 선생은 "열세 살 때 고아가 된 선친(이승복)께서는 어린 시절부터 우리 집안의 가장 역할을 해야 했습니다. 선친에 대해 기억나는 것은 사당에 모신 피 묻은 토시를 보실 때마다 크게 우셨다는 겁니다"라고 기억합니다.

4대, 한 세기를 이어온 구국정신은 피에 물든 토시가 상징적으로 말해주는 것은 아닐까요? 우리 근현대사의 아픔을 오롯이 견뎌내고 그 한가운데서 고난을 이겨냈던 수당 이남규 가문. 그들은 가문의 영광보다, 개인의 목숨보다, 더욱 값진 나라 사랑 정신을 실천했습니다. 그것이 진정한 노블레스 오블리주가 아닐까 생각합니다.

수당 고택 전경

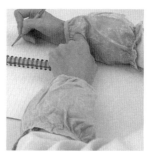

팔에 착용하는 팔토시. 조선조 양반들이 글을 쓸 때 주로 사용했다.

작은 거인의 '나 홀로' 전쟁 · 이수흥

7월 6일   황해도 친일 부호 군자금 요구

7월 10일   경성 동소문 파출소 일경 저격

9월 7일   경기 안성 부호 아들 사살

9월 28일   경기 여주 부호 군자금 요구

10월 20일 경기 이천 경찰 주재소 습격

           경기 이천 백사면 사무소 습격

1926년 식민 통치의 심장부인 경성과 경기 지역에서 무장 강도 사건이 잇달아 벌어집니다. 사건이 거듭될수록 일제와 친일 부호들의 두려움은 걷잡을 수 없이 커져 가지요. 사람들은 의열단과 같은 무장 단체가 조직적으로 벌인 일이라고 생각합니다. 수사가 진행되면서 범인의 정체가 한 꺼풀씩 벗겨지는데요. 결국 그 사건들은 단 한 사람이 저질렀다는 놀라운 사실이 밝혀집니다. 범행 소식은 하루도 빠지지 않고 신문 지상에 대서특필되며 조선 천지를 뒤흔듭니다. 하지만 어떤 흔적도 남기지 않고 유유히 사라지는 범인을 잡을 수는 없었습니다.

이수흥 의사

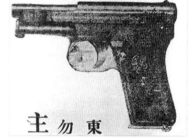
이수흥 의사가 사용한 권총

　'연쇄 강도 사건'을 일으킨 사람은 경기 이천 출신의 이수흥 (1905~1929) 의사였습니다. 그는 18살에 만주로 건너가 무력항쟁 단체인 참의부에 가입했습니다. 참의부는 대한민국 임시정부의 직할부대로 일본 군경 공격, 주요 기관 파괴, 친일파 처단, 군자금 모금 등 많은 전과를 올렸지요. 1925년 3월 어느 날, 참의부에서 국내에 침투하여 적을 공격하려는 작전 회의가 열렸는데요, 갑자기 무장한 일본 군경이 현장을 덮쳤습니다. 4시간 동안 계속된 총격전 끝에 참의부원이 무려 29명이나 목숨을 잃었습니다. 살아남은 대원들 중 한 사람이 바로 특무정사 이수흥이었고요. 그는 동지들의 억울한 죽음을 복수하기 위해 압록강을 건넜어요. 참의부가 계획하던 국내 진공작전을 '나 홀로' 감행한 것이지요. 만주에서 만나 결혼한 아내와 외동딸을 남겨 둔 채로 말이죠. 그의 품에는 권총 두 자루와 여러 발의 실탄이 들어있었습니다. 황해도를 거쳐 경성으로 잠입한 이수흥 의사는 늦은 밤 동소문 파출소 앞을 지나다가 자신의 권총 소지 사실을 눈치채고 뒤따라오는 일본 순사를 향해 총을 쏩니다. 그는 경찰의 추격 의지를 꺾기 위해 파출소 안에도 두 발을 발사한 다음 유유히 현장을 빠져나갑니다.

이 사건의 목격자는 언론에 "그 청년은 참 날랩디다. 총에 맞고 파출소 안으로 비명을 지르며 쫓겨 들어가는 순사를 따라 들어가서 또 한 발 쏘고 나서는 아무런 일도 없었다는 듯이 손에 든 권총을 호주머니에 넣고 천천히 걸어갑디다"라는 증언을 남겼습니다. 일경은 이 사건과 관련해 백여 명의 조선인들을 취조하고도 아무런 단서도 찾지 못하고 허둥대기만 했습니다. 사건 한 달 후에는 중국에서 활동하는 비밀결사 조직인 다물단 단원을 범인으로 발표하는 웃지 못할 해프닝까지 벌였고요. 9월 7일, 이수흥 의사는 안성 부호 박승륙의 집을 찾아갔습니다. 그때 마침 박승륙은 집에 없었는데 대신 만난 아들이 저항하자 이 의사는 그를 사살하고 일꾼 두 사람에게 부상을 입혔지요. 이때도 일제는 엉뚱한 사람을 범인으로 몰아갔습니다.

이수흥 의사는 동소문 파출소 습격 사건을 시작으로 백여 일 동안 경성과 경기도 일대를 동에 번쩍 서에 번쩍하면서 일제를 충격에 빠뜨렸습니다.

"신장 5척 되는 자들을 모조리 조사하라!" 사건의 유일한 단서는 150cm 남짓한 그의 키였어요. 1920년대 조선인 남자들의 평균 키가 160cm 정도였으니까 의사의 키는 꽤 작은 편에 속했던 거죠. 이를 유일한 단서로 삼을 수밖에 없었던 일제는 경찰 3천여 명을 동원해 대대적인 수색 작전을 벌였습니다. 하지만 번번이 헛다리만 짚을 뿐 사건 해결은 엄두도 내지 못했습니다.

이수흥 의사가 도피 도중에 벌인 흥미로운 일화도 전해집니다. 경기도 안성으로 피신한 그는 수원에 사는 누이로부터 아버지의 별세 소식을 전해 들었습니다. 그는 비밀리에 누이 집에 가서 상복을 입고 묘소를 참배하며 자식 된 도리를 다했다고 합니다. 이렇게 대담한 행적을 보이던 이 의사는 11월 6일 갑자기 일경에 체포되고 말았습니다. 현상금에 눈먼 자가 이천경찰서에 밀고한 탓이었죠. 그의 체포 소식은 조선 천지가 요동을 칠 정도로 세간의 화제가 되었습니다. 그 뒤에 열린 이수흥 의사의 공판정은 신출귀몰했던 그의 얼굴을 한 번이라도 보려는 사람들로 북새통을 이뤘고요. 1928년 7월 사형을 선고받고 나서 그는 "나는 일제 재판부에 목숨을 구걸하지 않겠다. 원수들의 손에 잡혀 일의 열매를 못 맺고 감이 원통할 뿐이다"라는 최후 진술을 남겼습니다. 마침 그 무렵은 의열투쟁이 잠시 뜸해져 있던 시기였는데요, 그럴 때 '작은 거인' 이수흥 의사는 조선 민중들에게 "독립전쟁이 아직 끝나지 않았다"라는 희망의 메시지를 전했습니다.

이수흥 의거 보도 호외

이수흥 사건 공판장에 모여든 방청객들 조선일보
(1926.11.17)

그때그때 상황에 맞추는 전략. 카멜레온 전략이라고나 할까요. 상대보다 무력이 약하면 치밀한 전략으로 돌파해야 한다는 것을 이 의사는 몸소 보여주었습니다. 자신보다 강한 상대를 넘어서기 위해서 두려움 없는 대담한 전략을 그는 생각해 내고 실행하여 성공을 거둔 거죠. 동지들의 복수만 생각할 뿐 자신의 형편과 사정을 따지지 않았어요. 이수흥 의사가 홀로 벌인 담대하고 의로운 '연쇄 강도 행각'. 그것은 일제의 간담을 서늘케 만든 일대 전쟁이었고 조선인들에게는 통쾌한 '사이다 의거'였습니다.

또 하나의 독립운동, 예언 · 정승종

1945년 8월 15일, 일제가 무조건 항복을 선언하자 우리 임시정부 요인들은 큰 충격에 빠졌습니다. 기쁨이 아니라 충격을 받았다니 금세 이해가 되지 않을 텐데요. 이유가 있었지요. 8월 15일 그날, 김구 주석은 중국 시안에 있는 광복군 본부를 방문해 국내 진공 작전을 점검하고 있었어요. 바로 그때 중국 측으로부터 일본의 항복 사실을 전해 들은 김구와 임정 요인들은 그토록 염원하던 조국의 광복을 기뻐하기는커녕 크게 낙담할 수밖에 없었습니다. 김구 주석은 "일본의 항복은 하늘이 무너지는 듯한 일이었다. 천신만고로 수년간 애써서 준비해 온 것이 다 허사가 되었다"라고 통탄했습니다. 우리 힘으로 나라를 되찾지 못하게 되어버렸기 때문이죠. 일본의 패망이 그렇게 빨리 오리라고는 임시정부 내에서도 전혀 예상하지 못했던 겁니다.

국내 진공 작전 훈련하는 광복군

독립운동가 정승종 선생   조선시대 예언서 정감록

　비교적 국제 정세에 밝은 중국에서도 상황이 이랬는데, 일제의 숨 막히는 언론 통제를 받고 있던 국내에서는 더욱 충격적인 일이었지요. 그런데 국내에서 이미 1944년 봄부터 "일제가 1945년에 패망한다"라는 말을 퍼뜨리고 다닌 인물이 있습니다. 경성에서 공장 직공으로 일하던 정승종(1917~1981) 선생이 바로 그 주인공이었어요. 수많은 독립운동가도 갑작스러운 일제의 항복 소식에 당황한 사실에 비추어 볼 때 평범한 노동자에 불과한 그의 예견은 무척 놀라운 일이 아닐 수 없습니다.

　그렇다면 정승종은 어떤 인물이었을까요? 지금의 동작구 노량진동에서 태어난 그는 열두 살 때 빈민층 아동들을 위해 만든 야학당에 입학하지만 가난 때문에 2년 만에 그만둡니다. 이후 배달부와 노동자로 전전하다가 조선총독부 교통국에서 운영하는 공장에 인부로 들어갑니다. 그곳에서 열심히 일한 덕분에 선반공으로 승진하지요. 평범한 식민지 젊은이였던 거죠. 1945년 5월, 그는 경성지방법원에서 치안유지법 위반으로 징역 2년을 선고받는데요. 판결문에는 그가 『정감록』에 의하며 昭和 20년(1945년) 3월에 일본은 패전하고…'라고 예견했다는 대목이 나옵니다. 일제의 패망 시기를 불과 5개월 차이로 맞춘 셈이지요.

판결문에서 가장 눈에 띄는 것은 정승종 선생이 『정감록』을 들어 일본의 패망을 예측했다는 사실입니다. 실제로 1940년대에 사람들이 『정감록』을 돌려보며 시국담을 논하다가 체포된 사례가 여럿 확인됩니다. 1941년 1월 경성지방법원은 '『정감록』 등을 인용하여 지나사변(중일전쟁)과 일한병합에 대한 유언비어를 유포하였다'라는 죄목으로 구류 처분을 내린 사례도 있습니다. 18세기에 새로운 왕조의 출현을 예언한 『정감록』이 1940년대까지도 살아남아 일제의 패망을 예견하는 근거로 인용되고 있었던 것이죠.

정(鄭)씨 성을 가진 사람이 계룡산에 도읍을 정하고 5백 년 동안 나라를 다스린다는 내용의 『정감록』은 단순히 조선 왕조의 몰락을 예언하는 데 그치지 않았어요. 새로운 시대를 갈망하던 사람들은 비밀리에 그 책을 돌려보며 조선 사회가 근본적으로 바뀌기를 바랐습니다. 19세기 후반 동학을 시작으로 폭발적인 '붐'을 이룬 신흥종교 현상이 대표적인 사례입니다. 『정감록』이 불을 댕긴 왕조 교체의 열망은 이상향 건설이나 일제의 억압에서 벗어나기 위한 독립운동으로 퍼져 나갑니다. 정승종 선생의 경우가 여기에 해당되는데요, 그는 일제의 패망을 예견하는 것에 그치지 않고 항일 무력투쟁에 직접 나섭니다.

선생은 "1945년 3월 미국 군대가 한반도에 상륙하는 상황에 대비해야 한다"라면서 일본군의 신속한 이동을 저지하기 위해 한강 철교를 폭파하려는 계획까지 세웠어요. 그는 거사에 동참할 동지 규합에 나서 자기가 일하는 공장의 노동자들을 포섭하기도 합니다. 하지만 그의 대담한 계획은 실제 행동에 이르지는 못했어요. 반년쯤 뒤인 1945년 3월 일제에 발각되었기 때문이죠. 선생은 징역형에 처해져 옥고를 치르지만 자신이 예언한 대로 일제가 항복하면서 다섯 달 만에 자유의 몸이 되었습니다.

일제강점기 한강 철교

지금이야 황당한 얘기로 들리겠지만 정감록 예언은 일제강점기에 조국 광복을 마음속에라도 그려주는 한 줄기 희망의 빛이었습니다. 당시 민간에서는 그만큼 정감록 예언이 많은 사람들 사이에 깊숙이 퍼져 있었고 그 위력 또한 대단했거든요. 아마도 민중들의 독립 열망이 너무나 간절했기 때문이겠지요. 사람들은 예언서에 의지해서라도 희망의 끈을 놓고 싶지 않았던 거죠. 우리 독립운동에는 외교활동, 무력항쟁, 실력양성운동, 애국계몽운동 등 다양한 형태의 방략(方略)이 있었는데요. 『정감록』을 내세운 '예언 항쟁'도 독립을 바라는 열망만큼은 그런 방략들 못지않았습니다.

예나 지금이나 세상이 어지러울수록 난세를 이끌어갈 영웅의 출현을 고대하는 법이죠. 나라를 뺏기고 아무런 희망도 꿈꿀 수 없었던 힘든 시절, '예언'은 모두가 간절히 바라는 그날을 가져다줄 유일한 희망이자 도피처가 아니었을까 생각해 봅니다.

독립운동 최후의 거점, 계룡산

정(鄭)씨 성을 가진 사람이 나라를 새로 세운다는 정감록의 예언은 곧 '이(李)씨의 조선'이 망한다는 것이었죠. 궁궐에서도 손 놓고 있을 리 없었습니다. 명성황후는 정감록에서 도읍지로 예언한 계룡산에 정씨의 기운을 누른다는 뜻을 담은 '압정사(壓鄭寺)'라는 절을 짓기도 했지요. 그만큼 정감록의 위력은 대단했습니다. 일제강점기에 들어선 1924년에는 전국에서 4천5백여 명이 계룡산으로 몰려왔고 그 후로도 '예언 러시'는 계속되어 93개의 무속, 신흥종교가 이곳에 터를 잡고 활동했어요. 그런데 최근 학계에서는 "계룡산 신도안 마을이 독립운동의 마지막 거점이었다"라는 새로운 주장이 나옵니다.

3.1운동 이후 2백여 명의 민족 종교인들이 일제의 탄압을 피해 이곳에 숨어 지냈는데요. 그들은 태극기를 지니고 다니면서 조국 독립을 위한 기도를 올리고 독립운동가들에게 은신처를 제공했습니다. 또 창씨개명을 반대하는 운동을 펼치는가 하면 한 종파는 조선총독부 앞에서 총독 정치를 비판하기도 했지요. 그

충남 민속문화재 제19호로 지정된 계룡산 삼신당

들 가운데 삼신당(三神堂)을 세운 정원강(1889~1943)은 독립운동에 직접 뛰어들었다가 일경에 붙잡혀 모진 고문 끝에 목숨을 잃었습니다. 민족 종교인들의 항일운동은 광복을 이룰 때까지 계속되었지요.

스스로 '교주', '도사', '황제'를 자처하는 이들이 저마다의 왕국을 세웠던 계룡산. 무속과 신흥종교 집단촌으로만 알려져 있는 그곳에서도 항쟁의 역사가 숨 쉬고 있다는 것은 우리 독립운동사에는 아직도 못다한 숙제가 많이 남겨져 있다는 사실을 깨닫게 해 줍니다.

해방 후에도 감옥살이 이어간 사연 · 최양옥

일제강점기 서울에는 서대문과 마포 두 군데에 형무소가 있었습니다. 1908년에 최초의 근대식 감옥인 서대문형무소가 문을 열었지만, 일제에 저항하는 세력이 늘어나면서 이들을 수용할 공간이 부족하게 되었습니다. 일제는 서대문에 이어 4년 뒤 마포에 경성형무소를 짓고 그곳에 독립운동가 중에서도 형량이 무거운 장기수나 무기수들을 가두었어요. 식민지시기에 형무소는 "한번 들어오면 절대 제 발로 걸어서 나가지 못한다"라는 말을 들을 정도로 악명이 높았습니다. 수감자들은 무자비한 일제의 고문과 탄압, 강제 노역 그리고 굶주림에 시달렸지요. 그곳에 갇힌 사람이라면 누구라도 하루빨리 가족의 품으로 돌아갈 날만을 손꼽아 기다리지 않았겠어요?

그런데 십수 년 동안 모진 감옥살이에 시달리고도 해방이 된 뒤에 스스로 감옥에서 여러 해를 보낸 한 독립운동가가 있었습니다. 비록 죄수 신분은 아니었지만 자신과 동지들의 피눈물이 새겨져 있는 그곳에 다시 발을 들여놓는다는 게 쉽지 않은 결정이었을 텐데요. 전 세계 독립항쟁사에서 그 유례를 찾아보기 힘든 그런 일을 대체 누가 벌인 걸까요?

독립운동가 최양옥 선생

최양옥(1893~1983) 선생은 고향인 강원도 횡성에서 3·1 만세시위에 참여한 뒤 서울로 올라와 항일단체인 조선대동단에 가입합니다. 군자금 모금 활동을 벌이다가 1921년 일경에 체포된 그는 대구형무소에서 5년 동안 옥고를 치르는데요. 출옥한 후에는 중국으로 건너가 동지들과 '함께 소리 내어 알린다'라는 '공명(共鳴)'의 뜻을 담아 대한독립공명단을 조직하지요. 1929년 그는 동지 두 사람과 함께 국내로 잠입해 경기도 마석고개에서 경성우편국 수송 차량을 습격합니다. 선생과 공명단원들은 현금을 탈취한 뒤 운전사와 승객에게 '만세삼창'을 소리 높여 외치게 한 후 감쪽같이 사라져 버렸어요. 마치 영화 속에서나 볼 수 있을 것 같은 흥미진진한 장면이었지만 아쉽게도 세 사람은 며칠 후 일경에 붙잡히고 맙니다.

최양옥 선생은 재판 과정에서도 "20년 이상의 징역에 처해질 것이니 체포될 때는 경관 몇 명쯤은 죽이고 자살할 생각이었다"라며 시종일관 당당한 모습을 보였습니다. 이처럼 의롭고 호방한 태도가 신문에 보도되자 법정은 그의 모습을 보고 싶어 하는 방청객들로 발 디딜 틈이 없었다고 합니다. 결국 선생은 10년 형을 선고받고 경성형무소에 수감되었지요. 최양옥 선생의 아들은 아버지가 일제에 당한 지옥 같은 고문을 다음과 같이 전했습니다. "수동 전화기에다가 전기선을 연결해서 전화기를 돌리며 전기로 고문을 하고, 거꾸로 매달아 놓고 시도 때도 없이 물고문을 일삼았다"라고 전했습니다. 1939년 형기를 마치고 출소했지만 선생과 감옥이라는 곳의 기이한 인연은 여기서 끝나지 않았어요.

해방 후 정계에 잠시 몸담았던 최양옥 선생은 1948년 경성형무소의 서무과장에 임명됩니다. 몸서리쳐지는 일들을 겪으며 꼬박 10년 동안 갇혀있던 감옥에 10년 만에 복귀한 셈이 되었지요. 죄수에서 그들을 관리하는 사람으로 신분은 달라졌지만요. 그는 이듬해 인천 소년형무소 소장으로 승진해서 자리를 옮깁니다. 1950년 6·25 전쟁이 터지자 형무소 내부는 불안에 휩싸였는데요, 상부로부터 지시를 받지 못하고 우왕좌왕하는 사이에 소년 재소자들이 집단 탈출하는 소동이 벌어졌습니다. 그들을 체포하라는 명령을 받고 선생은 군인들과 함께 수색 작업에 나서 탈주자 수백 명을 붙잡아 다시 감옥에 집어넣었는데요. 그런데 이후 이곳까지 쳐들어온 북한군이 소년 재소자들을 강제로 북한군에 집어넣고는 낙동강 전선으로 끌고 갔다고 합니다.

그 결과는 어떻게 되었을까요. 대부분 앳된 얼굴의 소년들이었던 그들은 한국전쟁 최대의 격전지였던 낙동강 전투에서 총알받이로 내몰

일제강점기 경성형무소 정문

경성형무소 감옥

린 끝에 대부분 전사하고 말았어요. 온전한 독립을 이루지 못한 나라의 지워지지 않은 비극의 한 장면이지요. 그 후 최양옥 선생은 인천상륙작전과 동시에 인천으로 돌아왔다가 1·4 후퇴 때 다시 피신하여 경북 김천형무소에서 업무를 봤고요. 그 뒤로도 부산형무소로 자리를 옮겼다가 전쟁이 끝나고 나서야 비로소 인천 소년형무소에 복귀했습니다. 6·25 전쟁의 와중에 여러 곳을 전전하면서도 줄곧 감옥살이를 이어간 셈이지요. 한데 선생의 파란만장한 이야기는 여기서 끝이 아닙니다.

전쟁의 포성이 아직 멈추지 않고 있던 1952년 6월 25일, 이승만 대통령 암살 미수 사건이 일어났습니다. 이 사건은 의열단 출신인

연설 중인 이승만 대통령을 3m 뒤에서 저격하는 유시태 지사(원 안)의 모습

이승만 당시 대통령 암살 미수 사건을 주도한 김시현(1883~1966) 의사는 영화 〈밀정〉에서 공유가 연기한 김우진이라는 캐릭터의 모티브가 된 인물로 알려져 있다.

김시현, 유시태 지사가 벌인 것인데 공판이 진행되는 과정에서 새로운 사실들이 하나둘씩 드러났습니다. 김시현 지사가 인천교도소장이던 선생과 사전에 암살 계획을 논의한 것과 이를 들은 최양옥 선생이 곧바로 경찰에 신고한 내용이었어요. 그런 사실이 밝혀졌는데도 선생은 이

사건의 공범으로 지목되어 법정에 서게 됩니다. '암살자들을 동정했다' 라는 죄 아닌 죄를 들어 제보자를 공범으로 몰고 간 어처구니없는 일이 벌어진 거죠. 선생은 2년 동안 재판을 치른 끝에 무죄를 선고받았지만, 결국 형무소장 자리에서 물러나고 말았습니다. 일제강점기 두 차례에 걸쳐 15년, 광복 후 5년 모두 20년에 걸친 감옥과 선생의 모진 인연은 이렇게 마침표를 찍게 되었답니다.

사면초가의 위험에 빠진 나라, 남의 손에 빼앗긴 나라와 민족을 위한 독립운동을 했다는 이유 같지 않은 이유로 인간이 당할 수 있는 최악의 형벌을 받았던 사람들이 있었습니다. 그리고 그들의 세월과 아까운 삶을 송두리째 앗아간 형무소라는 게 있었고요. 최양옥 선생은 현실이 지옥 같은 감옥이고, 감옥 같은 지옥이 현실이었던 비극적 운명을 온몸으로 겪어야 했습니다. 거기에 끔찍한 고문을 당한 현장이 광복 후 자신의 일터가 된 아이러니한 현실. 선생의 삶은 우리 근현대사의 아픔을 오롯이 보여주고 있습니다.

진주 시내에 백정 행렬이 줄을 이은 까닭 · 강상호

  3·1운동 이후 조선에서는 학생운동, 노동운동, 농민운동, 여성운동 등 여러 가지 사회운동이 일어납니다. 이런 사회적 분위기 속에서 가장 천대받던 계층인 백정들도 자신들의 권익을 위해 단체를 만드는데요. 그 무렵 백정의 수는 40여만 명. 1894년 갑오개혁을 통해 신분제가 폐지되었다고는 하지만 백정은 여전히 '짐승만도 못한' 대우를 받는 존재들이었어요. 일제강점기에도 백정은 공립학교에 다닐 수 없었고 결혼이나 취업을 할 때도 심한 차별에 시달렸지요. 이들은 백정들의 권익 보호 단체를 결성하는 취지문에서 "백정에 대한 모욕적인 칭호를 없애고 교육을 받게 해 인간다운 삶을 살 수 있도록 해 달라"라고 외쳤습니다. 오랜 세월 동안 무시당하고 차별받은 백정들의 응어리가 폭발했던 거죠.

  하지만 백정들이 공개적으로 단체를 조직한다는 것은 당시로써는 상상조차 할 수 없는 일이었습니다. 더욱 놀라운 건 몇몇 양반들까지 이 단체에 참여했다는 사실인데요, 그중에는 경상도 진주의 천석꾼 지주 강상호(1887~1957) 선생도 있었습니다. 선생의 가문은 일명 '솟을대문

집'이라고 불릴 정도로 진주 일대에서는 알아
주는 부잣집이었어요. 그런 부잣집 아들이
왜 천민들의 단체에 이름을 올렸을까요? 보
장된 삶을 버리고 고난의 길이 될지도 모를
위험을 선택한 이유가 궁금해집니다.

독립운동가 강상호 선생

　강상호 선생은 넉넉한 집안 배경 덕분에 일
찍부터 신학문을 배우고 민족의식에 눈떴습니다. 특히 1919년 3월 18
일에 일어난 만세시위는 그의 삶을 송두리째 바꿔놓았어요. 그날 진주
지역에서만 2만여 명이 대한독립만세를 힘차게 외쳤습니다. 이에 놀란
일본 경찰과 헌병들이 재빨리 출동했지만 사람들이 워낙 많아서 시위
를 제압할 엄두도 내지 못했는데요. 교활한 일본 경찰과 헌병들은 시
위에 참여한 이들에게 잉크를 뿌려 흔적이 남게 하고서는 나중에 잡아
들였다고 해요. 강상호 선생은 시위 군중을 이끈 5명의 주동자 가운데
한 사람이었습니다. 그는 시위를 이끌었다는 이유로 일본 경찰에 체포
되어 징역을 살았습니다. 그러나 출옥한 후에도 활발한 사회운동을 이
어나갔지요.

　1923년 4월, 선생은 백정 80여 명과 함께 "저울(衡, 형)처럼 공평(平, 평)
한 사회를 만들자"라며 조선형평사를 만듭니다. 그는 "조선인끼리 차별
하는 것은 일제 식민통치를 돕는 어리석은 짓이다"라고 주장하고는 형
평운동에 전 재산을 쏟아붓게 됩니다. 아예 백정이 자녀들을 자신의
양자로 삼아 학교에 보내 공부를 시키기도 하고요. 강상호 선생에게 평

등한 사회를 만드는 일은 일제에 저항한 또 하나의 독립운동이었던 셈이지요. 3·1운동으로 불붙은 개혁 열기와 백정 집단 특유의 결속력으로 힘을 얻은 형평사는 일 년 만에 80개 지회, 7천여 명의 회원을 거느린 전국 조직으로 몸집을 키웁니다. 오랜 세월에 걸쳐 짓눌린 차별과 억압에서 벗어나 백정들의 '역습'이 시작되는가 싶었어요. 그런데 뜻하지 않게 농민과 노동자들의 벽에 부딪히게 됩니다. 진주에서 열린 형평사 창립 식장에 수백 명의 농민들이 쳐들어와 '신(新) 백정 강상호'라고 쓴 깃발을 들고 풍물을 치며 시위를 벌였던 거죠. 임시 의장을 맡은 선생의 멱살을 잡고 "신 백정을 잡아 죽이겠다"라고 외치면서 전쟁터와 같은 험악한 분위기를 만들었습니다. 농민들은 형평사에 관여한 자는 백정과 똑같이 대우할 것이며 소고기도 못 팔게 하겠다고 위협했습니다.

이른바 '을과 을의 전쟁'이 벌어진 건데요, 이 전쟁에는 같은 천민으로 취급받던 기생들이 뛰어드는 희한한 일이 벌어집니다. 1927년 봄, 전주 형평사에서 야유회에 기생들을 불러 술시중을 들게 하려다가 거

형평사 제6회 정기전국대회 포스터

경남 진주의 형평운동 기념탑

　　　　　　　역사는 스토리다 / 독립영웅을 만든 장면 50

부당하는 일이 벌어졌어요. 기생들은 "백정 따위에게 술시중을 들 수 없다"라고 맞서면서 권번을 뛰쳐나가 버렸습니다. 권번은 기생들의 조합인데요, 아무튼 그 바람에 기생 조직이 해체되는 황당한 사태가 벌어졌던 거죠. 1923년부터 1935년 대동사로 이름을 바꾸기까지 12년 동안 일어난 '반형평(反衡平)'과 관련된 폭력 사건은 7,828건, 사망자도 17명이나 되었지요. 같은 처지의 사람들끼리 서로 도와주지는 못할망정 배척하고 탄압했다는 사실이 너무나 안타깝습니다. 이렇게 안타까운 일이 이어진 건 그만큼 백정에 대한 차별 의식이 뿌리 깊은 탓이었겠지요.

그런 상황에서도 강상호 선생과 백정 동지들은 일본의 천민 계층인 부락민 단체와 교류하면서 형평운동을 이어가지요. 하지만 1930년대 중반 일제의 교묘한 탄압으로 형평사가 인권단체에서 경제적 이익단체로 변질되면서 해체되고 맙니다. 일제강점기 최장기간에 걸친 전국적 사회개혁 운동이며 봉건적 신분제를 해체하는 데 기여한 형평사는 이렇게 역사 속으로 사라집니다. 형평운동을 주도한 강상호 선생은 어떻게 되었을까요. '솟을대문집'이라 불릴 정도의 부잣집에서 태어났지만, 그는 자식들 교육도 못 시키는 가난에 시달리다 1957년 11월 세상을 떠납니다. 선생이 사망하자 전국 각지에서 수많은 옛 형평사원들이 진주로 모여들었어요. 백정 출신인 이들은 삼베로 만든 두건을 쓰고 줄을 지어 선생의 죽음을 슬퍼했습니다. 그들은 "참담한 우리 삶을 위한 대열의 서봉에 서서 지휘한 자가 누구셨습니꺼? 영원히 잊시 아니하오리다"라며 선생의 마지막 가는 길을 애도했습니다.

5일장을 끝내고 만장이 하늘에 빼곡히 나부끼는 가운데 백정들의 장례 행렬은 진주 시내를 지나 묘소까지 끝없이 이어졌어요. 그날 장례식 광경을 지켜본 사람들은 "진주가 생긴 이래, 가장 크고 장엄하며 감동적인 장면이었다"라고 입을 모았습니다. 천석꾼 재산을 평등한 세상을 위해 아낌없이 쏟아부은 삶. 하지만 쓸쓸히 세상을 떠나고 나서야 사람들은 그의 뜻을 알아주기 시작했던 것이죠. 독립운동가이자 인권운동가로서 강상호 선생은 진정한 노블레스 오블리주를 실천한 분입니다. 그는 진주를 넘어 한국의 정신이 되었습니다.

히든 스토리 | 유니클로 옷에 욱일기 새겨진 사연

일본 최고의 부자 중 한 명으로 손꼽히는 의류회사 유니클로의 야나이 타다시 회장. 그는 시골 옷가게를 연 매출 20조 원이 넘는 세계적인 기업으로 만든 신화적 인물이죠. 이 회사 모토인 "옷을 바꾸고, 상식을 바꾸고, 세상을 바꾼다"는 그의 성공 비결이자 경영 철학으로 알려져 있습니다. 그런 그가 일본의 천민 계층인 부락민 출신이란 것은 매우 놀라운 사실인데요, 그의 할아버지는 우마상이었고 큰아버지는 부락 해방 운동가였습니다. 야나이 집안에는 부락민들이 신분 철폐를 외친 '수평사' 활동에 참여한 인물들이 많습니다. 수평사는 조선 백정들의 단체인 '조선형평사'와도 활발한 교류를 이어갔지요.

중일전쟁 이후 수평사는 우익 국수주의로 돌아섰고, 1942년 태평양전쟁으로 활동이 중단된 뒤에는 많은 수평사 지도자들이 천황제를 옹호하는 극우단체들을 이끌게 됩니다. 그런 야나이 회장의 가족사 때문인지는 몰라도 유니클로는 욱일기 디자인 같은 극우적 행태로 여러 차례 논란에 휩싸였지요. 그 결과 한국에서는 2019년에 일본 상품 불매 운동의 직격탄을 맞기도 했고요. 야나이 회장은 자기 선조들이 조선의 백정 동지들과 함께 꿈꾸었던 '공존'의 역사를 잊지 말아야 합니다.

일본의 부락민 단체인 수평사 창립 전단,
유니클로의 욱일기 디자인과 야나이 회장

Independence Movement Day

제2부

–

스토리 독립운동사

〈해외 편〉

역사는 스토리다

독립영웅을 만든 장면 50

"일본군 때려잡는 것도 짐승 잡듯이 하면 된다" · 홍범도

　코로나로 온 나라가 시달리고 있던 2021년 광복절에 한 남자의 유해가 조국의 품으로 귀환합니다. 그리고 사흘 뒤에 그는 국립대전현충원에 안장됩니다. 그는 봉오동 전투를 승리로 이끈 홍범도 장군이었습니다. 홍범도 장군은 우리 민족의 항일 무장투쟁사에서 전설적인 영웅으로 널리 알려져 있습니다. 적군인 일본군조차 '날으는 장군'으로 부를 정도로 재빠른 게릴라전을 펼쳐 명성을 크게 떨쳤지요. 당시 함경도 지방에서 그는 '축지법을 구사하는 명장', '총알로 바늘귀도 뚫는 사람'으로 불릴 만큼 신비롭게까지 보이는 영웅이었어요. 항간에서는 다음과 같은 노래가 불리기도 했고요.

　"홍 대장 가는 길에는
　일월이 명랑한데
　왜적 군대 가는 길에는
　눈과 비가 내린다
　에행야 에행야 에행 에행냐
　왜적 군대가 막 쓰러진다"

홍범도 장군   카자흐스탄 크질오르다에 있는
홍범도 장군 흉상

　평양에서 가난한 농부의 아들로 태어난 홍범도(1868~1943) 장군은 어렸을 때 남의 집 머슴살이를 하다가 평양감영의 나팔수로 입대합니다. 그 후에는 종이공장 직공과 광산 노동자를 거쳐 금강산에서 승려의 길을 걷기도 하지요. 서른을 바라보는 나이에도 밥벌이를 위해 이곳저곳을 전전하게 되고요. 그러던 그가 어떻게 봉오동과 청산리에서 세계 최강의 일본군을 궤멸시킬 수 있었을까요? 홍범도 장군은 함경도 어느 산골 마을에 정착하면서 인생의 큰 전환점을 맞게 됩니다.

　함경도 북청에 자리 잡은 홍범도 장군은 늘그막에 가정을 꾸리고 농사를 짓습니다. 하지만 산이 높고 골이 깊은 곳이라 농사만으로는 먹고 살기가 어려웠지요. 그래서 그는 틈틈이 사냥에 나섰는데요, 뛰어난 사격 솜씨를 인정받아 곧바로 산포수 단체인 포계의 우두머리에 올랐습니다. 1907년 고종의 강제 퇴위에 이어 대한제국의 군대가 해산되자 전국 방방곡곡에서 의병들이 들고 일어났습니다. 그러자 일제는 의병들을 진압하려고 총기단속법을 만들어 조선인들의 총과 탄약을 빼앗아 버립니다. 삶의 터전을 잃고 생계를 위협받게 되자 그와 산포수들은 만주로 건너갔습니다. 그곳에서 홍범도 장군은 의병을 일으켜 맹수를 겨냥하던 총구를 일본군에게 겨누었어요. '사냥꾼 홍범도'에서 일제가 겁내는 의병대장으로 놀라운 변신을 하게 된 거죠.

그 무렵 그의 사격술에 대해 재미있는 일화가 전해집니다. 북간도의 한 마을 사람들이 어느 날 술이 얼큰하게 취한 홍 대장에게 '백발백중' 사격 솜씨를 보여달라고 조릅니다. 이 얘기를 들은 홍 대장은 30미터 정도를 비틀거리며 걸어가더니 말뚝 위에 빈 술병을 주둥이를 앞으로 해서 눕혀 놓았습니다. 그러고는 제자리로 돌아와서 한 손으로 러시아제 장총을 들어 어깨에 붙이자마자 방아쇠를 당겼어요. "탕 –" 총알이 병 주둥이로 들어가서 병 바닥을 꿰뚫었다고 해요. "한 번 더!"라고 사람들이 외칩니다. 한 번 더 쐈더니 이번에도 먼저와 똑같이 병을 그대로 관통했다네요. 그러자 모두들 "틀림없는 백발백중이 맞다"라며 환성을 질렀다고 합니다.

왼쪽부터 조선 말기의 산포수, 구식 화승총, 일본제 5연발 신식 소총. 오른쪽은 사람들을 해치는 조선 호랑이를 표지로 한 프랑스 주간지 '르 프티 주르날' (1909)

홍범도 의병대는 구성원 대부분이 산포수 출신이었어요. 맹수를 사냥하는 일에 단련된 그들은 강인한 정신력과 체력을 지니고 있었습니다. 또한 매우 민첩하여 밤낮없는 행군, 허를 찌르는 기습 공격, 날쌘 철수 작전을 능수능란하게 펼칠 수 있었고요. 그런 기동력을 앞세워 그들은 일 년에 60여 차례나 전투를 치를 수 있었습니다. '날으는 홍범도'라는 별명은 그와 사냥꾼 부대가 보여준 놀라운 기동력에 대한 찬사였지요. 홍범도 부대의 근거지였던 중국 지린성 수남촌의 라철룡 촌장은 그가 "호랑이 잡을 때는 어디에 숨고, 어떻게 끌어들이고, 언제 몰아야 할지 잘 생각해야 한다. 일본군 때려잡는 것도 짐승 잡는 우리 방식대로 하면 된다"라는 말을 즐겨 했다고 전했습니다.

1920년 6월 홍범도 장군은 호랑이 사냥에서 다져진 유인술과 매복술, 사격술로 적을 공격합니다. 만주에서 국내로 넘어와 일본군을 공격하고, 추격하는 적을 봉오동의 깊은 산속으로 끌어들이는 작전을 펼쳤지요. 봉오동은 사방이 산으로 둘러싸이고 그 가운데 평지가 있어 마치 삿갓을 뒤집어 놓은 것과 같은 모습이었어요. 홍범도 부대는 한 번 들어오면 쉽게 나갈 수 없는 절묘한 모양의 골짜기에 몸을 숨기고 일본군을 기다렸습니다. 6월 7일 오후 1시경, "탕 – 탕!" 홍범도 장군이 총성으로 공격 명령을 내리자 아군 진지에서는 일제히 불을 뿜기 시작했습니다. 독립군을 단 한 칼에 소탕하겠다고 큰소리치던 일본군 추격대대는 소탕은커녕 거의 궤멸되고 말았지요. 봉오동에서 큰 승리를 거둔 홍범도 부대는 넉 달 뒤 벌어진 청산리 전투에서도 일본군을 처참하게 부숴버려 우리 독립항쟁사에 무한한 자긍심을 남겼습니다.

미천한 신분 탓에 너무나 고단한 삶을 살았던 홍범도 장군은 외세의 침략과 함께 '우연히' 역사의 전면에 나서게 되었습니다. 평범한 사냥꾼으로 살다가 생계를 위협받게 되자 의병을 일으켰던 거죠. 그의 나이 마흔을 바라볼 때였어요. 뒤늦게 항일 항쟁 대열에 뛰어들었지만 그는 어느 누구보다 숱한 영웅적 서사와 일화를 남겼습니다. 일본군조차 "호걸의 기풍이 있고… 조선인들과 그 휘하에 있는 자들로부터 신과 같은 숭배를 받고 있다"라고 평가했지요. 역사적 사실은 재미있는 이야기로 포장되어 민중에게 널리 전해져서 또 다른 사실로 정착되는 사례가 적지 않습니다. 홍범도 장군과 산포수들의 흥미진진한 무용담도 스토리텔링화 되고 여러 가지 형태의 문화콘텐츠 작품으로 만들어져서 더욱 감동적으로 이어져 나가기를 기대합니다.

홍범도 장군과 재혼한 아내 이인복, 손녀 예까체리나, 홍범도 장군은 본처와 자식들이 모두 일경과 일본군에게 죽임을 당해 오랫동안 혼자 살아왔다.

호랑이 왕국이 '늑대 천국' 된 까닭

1907년 9월 일제는 의병의 씨를 말리기 위해 조선인들의 총을 빼앗는 '총포화약류단속법'을 만듭니다. 그 조치로 산포수들은 생계를 잃게 되었고 그들 가운데 일부는 만주로 건너가 항일투쟁을 벌이지요. 3년 뒤 한일병탄이 되자 일본과 미국·유럽의 사냥꾼들이 마구 몰려와 호랑이 사냥에 나섭니다. 그 결과 1920년대 초 호랑이가 한반도에서 자취를 감추게 되는데요, 그때 난데없는 '늑대 대란'이 일어납니다.

총독부의 통계 연보에는 병탄 후 12년 동안 호랑이에 의한 사상자는 30명인데 반해 늑대 피해자는 4백 명을 넘었다는 기록이 나옵니다. 1915년 한 해에만 무려 113명이 늑대의 공격으로 죽거나 부상을 입었다고 합니다. 왜 '호랑이의 나라' 조선이 갑자기 '늑대 천국'으로 변해 버린 걸까요? 그 이유는 상위 포식자인 호랑이가 사라져 늑대의 개체 수가 늘어났기 때문이죠. 결국 의병을 소탕하려던 일제는 한반도에서 호랑이를 멸종시켜 버렸고 삼천리강산을 늑대 소굴로 만들어 버리는 어처구니없는 일이 벌어졌던 겁니다.

1917년 조선 호랑이 사냥을 위해 원정대를 꾸린 일본인 야마모토 타다사부로의 정호군(征虎軍)

분노를 감동으로 수놓다 · 김순애

　한국 사회에서 '명문가' 하면 흔히 재벌이나 고위 관료, 학자 집안을 떠올리는데요, 독립운동에도 명문가가 있습니다. 안중근 의사의 가문은 3대에 걸쳐 무려 15명이 건국훈장을 받았고요. 해외에서는 강명화 가문이 본인과 아들 그리고 사위를 포함해 모두 8명이 포상을 받아 미주 최대의 독립운동 명문가로 평가받고 있지요. 이들 가문보다 유공자 수는 적지만 가장 폭넓은 지역에 걸쳐 활동을 벌인 집안이 있습니다. 중국에서 대한애국부인회를 만든 김순애(1889~1976) 선생의 가문입니다.

김순애 선생

김순애 선생의 오빠인 독립운동가 김필순(1880~1922)

이 집안에서 배출된 6명의 애국지사들은 한국과 중국, 일본을 넘어 미주와 유럽 대륙을 누비며 독립운동을 펼쳤습니다. 그의 남편인 김규식 선생은 프랑스와 미국에서 활동하다가 상하이 임시정부에서 부주석을 지낸 독립운동의 거목이고, 우리나라 최초의 면허 의사이며 중국으로 건너가 독립군 군의관으로 활동한 김필순은 선생의 오빠입니다. "나는 대한의 독립과 결혼하였다"라는 김마리아와 중국의 영화 황제로 불리는 배우 김염은 그의 조카이며, 여동생인 김필례는 YWCA 설립을 주도한 인물이고요. 임시의정원 의원을 지내고 대한적십자사를 창설한 서병호는 선생의 형부입니다. 모두 우리 근대사에 큰 발자취를 남긴 분들이지요.

김순애와 김규식 결혼 사진

대한애국부인회 회원들. 왼쪽부터 최선화, 김현주, 김순애, 권기옥, 방순희 (1943)

명문가라고 불리는 집안에는 그 명성에 걸맞은 가풍이 있기 마련인데요, 선생의 가문은 투철한 민족의식과 기독교 정신을 온몸으로 실천했습니다. 고향인 황해도 장연군 소래 마을에 우리나라 최초의 교회가 세워지자 집안 전체가 기독교를 받아들여 노비를 해방시키고 신식학교를 설립했습니다. 이런 집안의 분위기에서 자란 김순애 선생은 일찍부

역사는 스토리다 / 독립영웅을 만든 장면 50

터 사랑을 실천하고 약자를 배려하는 마음에 눈을 뜨게 되었고, 이는 자연스럽게 독립운동에 헌신하는 길로 연결되었지요.

1919년 그의 남편 김규식 선생은 파리강화회의에 파견됩니다. 그에 맞춰 상하이의 한인 독립운동가들은 "독립 의지를 국제사회에 알리기 위해 국내에서 대규모 봉기를 일으켜야 한다"라고 결의하게 되는데요. 그 역할을 하겠다며 나선 이가 바로 김순애 선생입니다. 그는 위험을 무릅쓰고 국내로 잠입해 3·1 만세시위를 전국적으로 확산시키는 데 큰 역할을 합니다. 상하이로 돌아와서는 곧바로 대한애국부인회를 결성하여 가무극과 연주회를 개최하고 회원들이 수놓아 만든 자수 작품을 임시정부에 헌납하는 등 독립 자금 마련에도 앞장섭니다. 특히 수공예 자수는 외국인들에게 상당히 인기가 많아 임정 운영비에 많은 보탬이 되었다고 합니다. 그런데 이 자수와 관련하여 한편으로는 안타깝지만 다른 한편으로는 아주 감동적인 이야기 하나가 전해집니다.

1922년 3월 28일 한인 의열단 단원들이 상하이 부두에서 일본군 대장 다나카 기이치를 암살하려다가 앞서 나오던 미국인 여성이 총탄에 맞는 사건이 발생합니다. 그녀는 현장에서 즉사했는데요. 스나이더 부인은 남편과 함께 중국을 여행하다가 어처구니없는 변을 당했던 거죠. 국제사회에 한국 독립에 대한 지지를 호소하던 우리 임시정부로서는 큰 악재를 맞은 꼴이 되었습니다. 이때 김순애 선생이 사태 수습에 앞장섭니다. 비단 바탕에 영문으로 '스나이더 부인이 죽음을 애도합니다' 라는 애도의 글을 수놓아 남편에게 전하면서 사죄의 뜻이 담긴 편지도 건넸습니다. 부인을 잃고 홀로 귀국길에 오른 스나이더는 4월 10일 배 안에서 애국부인회 집사장인 선생에게 답신을 보냅니다. 그 내용이 너무나 의외였습니다.

그는 '이 아름답고 기이한 예물을 당신들의 손으로 만들어 사랑과 동경의 기념품으로 주셨으니 편지로 내 마음을 전합니다'라면서 '이 물건을 가져다가 우리 집 가장 잘 보이는 곳에 두겠습니다'라고 덧붙입니다. 그의 편지는 '당신들이 나에게 한 일은 나의 찢긴 마음에 큰 감동을 주었습니다'라고 끝을 맺지요. 한 땀 한 땀 정성을 다해 수놓은 그 마음이 전해졌던 걸까요? 아내를 잃은 허망함과 분노를 못 이겨 같은 조선인에게 받은 것을 그 자리에서 짓이겨 버릴 법도 했는데요. 뜻밖에도 스나이더는 자수에 담긴 진심 어린 사죄의 마음을 있는 그대로 받아들였던 것이지요. 그는 또한 체포된 의열단원들을 관대하게 처리해달라고 일본 당국에 요청한 것으로 알려졌습니다.

정성을 다한 마음. 입으로만 아니라 계획만이 아니라 진심을 다하면 하늘도 감동시킬 수 있다는 신념이 살아 있는 이야기입니다. 상하이와 국제사회를 충격에 빠뜨린 커다란 사건의 소용돌이 속에서 선생은 어떻게 이처럼 따뜻한 마음을 전할 수 있었을까요? 자신과 상관없는 일이라 여기고 외면할 수도 있었을 텐데요. 그것은 남을 배려하고 사랑을 실천하는 마음이 김순애 선생의 생활 속에 깊숙이 자리 잡고 있었던 때문이 아닐까요. 실제로 선생은 임시정부의 활동이 시들해지는 상황에서도 애국지사들의 빨래와 옷 수선을 도맡아 했는가 하면 삯바느질

역사는 스토리다 / 독립영웅을 만든 장면 50

도 하고 하숙도 치고 와이셔츠 공장도 다니며 궂은일을 마다하지 않았습니다. 구한말 대지주의 딸로 태어나 신식교육을 받은 엘리트 여성으로서 몸을 사릴 법도 한데 말이죠.

비단 선생뿐만이 아닙니다. 이 집안 사람들은 몸의 병을 고치는 의사, 마음의 병을 고치는 목회자, 무지를 깨우치는 교육자들을 여러 사람 배출하며 오늘날의 대한민국이 있기까지 크게 이바지했습니다. 나라를 되찾는 일에 그치지 않고 공동체의 가치를 위해 몸과 마음을 아끼지 않았던 것이죠. 시대의 바람에 흔들리지 않고 묵묵히 노블레스 오블리주를 실천한 가문의 후예들. 재벌가나 고위직 관료와 정치인들같이 돈이나 권력을 쥔 집안이 아니라 이렇게 반듯한 정신을 이어온 가문들이 '대한민국의 명문가'로 인정받는 세상이 머지않아 오기를 기대합니다.

말 한마디의 힘 · 안창호

  세계를 움직인 위대한 정치가들 가운데 명연설로 사람들의 마음을 사로잡은 사람들이 많습니다. 미국의 링컨 대통령은 남북전쟁이 치열하게 펼쳐지고 있을 때 게티즈버그에서 '국민의, 국민을 위한, 국민에 의한 정부'라는 명쾌한 말로 민주주의 역사에 이름을 남겼습니다. 또 존 F. 케네디는 대통령 취임식에서 국민의 의무를 강조한 연설로 큰 감동을 이끌어냈지요. 영국의 처칠 수상도 "암흑의 나날을 최상의 시간으로 바꾸자"라고 호소하며 제2차 세계대전으로 절망에 빠진 국민들의 애국심에 불을 댕겼고요. 미국 루스벨트 대통령 또한 분노에 찬 '사자후 연설'로 국민들에게 강한 항전 의지를 심어주었습니다. 일본군의 진주만 공습 다음 날, "어제, 1941년 12월 7일. 이날은 치욕의 날로 기억될 것입니다"라며 시작된 루스벨트의 의회 연설은 연합국을 승리로 이끄는 첫걸음이 되었습니다. 저명한 영문학자 피천득 선생은 일제강점기 시절 한 독립운동가의 연설을 듣고 "사람들은 루스벨트 대통령의 목소리를 예찬하나, 선생의 목소리만은 못하다고 생각한다"라고 평가했어요. 그가 말한 선생이 누구인지 궁금하시죠?

  바로 도산 안창호(1878~1938)입니다.

도산 안창호 선생   피천득 선생

피천득 선생은 상하이 유학 당시 도산의 연설을 듣고 "우렁차면서 날카롭지 않고 청아하면서 부드러운 음성, 거기서 자연스러운 몸가짐, 선생은 타고난 웅변가였다"라고 칭송했습니다. 사실 도산은 학력이라고 해봐야 고작 어릴 때 서당에 다니고 교회에서 운영한 구세 학당을 2년 다닌 정도로 보잘것없었죠. 그런 그가 어떻게 과거 급제자와 미국, 일본의 명문 대학 출신자들이 즐비한 독립운동가들 틈에서 민족을 대표하는 지도자로 우뚝 설 수 있었을까요? 용기와 덕성, 인품 등 여러 요인이 있겠지만 그가 최고 경지의 웅변술을 갖춘 리더였다는 점을 부인할 사람은 없을 것입니다. 그만큼 도산의 언변은 대단해서 그의 연설을 듣고 그를 따르지 않는 이가 없을 정도였다고 하지요.

도산이 한성(현 서울)의 만민공동회 석상에서 한 첫 연설은 20살 시골 청년에 불과했던 그를 한순간에 전국적으로 이름을 떨치는 인물로 만들었습니다. 또 평양 쾌재정(快哉亭)에서 지방 수령들의 탐욕을 성토한 연설은 결국 이들을 스스로 자리에서 물러나도록 만들었지요. 오산학교를 세운 이승훈 선생은 "나라가 강해지려면 힘을 길러야 한다. 힘을

이승훈(1864~1930) 선생

기르기 위해서는 배워야 한다"라고 부르짖는 도산의 열변에 감화되어 고향에 돌아가 교육 운동을 시작했다고 합니다. 이런 몇 가지 사례만 봐도 그의 입에서 나온 '말 한마디의 힘'이 어느 정도의 영향력이 있었는지 알 수 있습니다.

　　도산 선생의 강연에는 남들과는 다른 흥미로운 점이 있었습니다. 강연장에서 '창가(唱歌)'를 부른 것인데요. 선생은 '노래로 하는 말'인 창가가 청중과 공감대를 형성하는 데 매우 좋다고 생각했어요. 1908년 2월 대한협회총회에서 도산은 '우리 한국의 전도(前途)는 여하한가'라는 주제의 연설을 했습니다. 연설 자체도 감동적이었지만 말미에 스스로 지은 노래인 '심주가'를 불러 참석자들에게 큰 감동을 주었어요. '어야지야 어서가자 모든 풍파 무릅쓰고 문명계와 독립계로 어서 빨리 나아가자'라는 노랫말을 선생이 선창하면 청중들 모두가 따라 불러 분위기가 한껏 고조되었지요. 명연설에 더해 감동적인 명장면이 연출되었던 겁니다. 도산은 직접 창가 가사를 짓고 여기에 곡조를 붙여 자신의 연설에 적극적으로 활용했습니다. 타고난 웅변술에다 청중들과 감성적 교감을 이루는 능력까지 갖춘 도산은 사람을 끌어모으고 설득하는 탁월한 리더십을 보였던 거죠.

　도산은 또한 자신의 입으로 한 말은 반드시 실천하는 성실한 지도자였습니다. 국내의 3·1운동 소식을 듣고 미주 한인들에게 "우리는 금전으로써 싸우는 군인으로 생각하옵시다"라며 거액을 모금해 임시정부

수립의 초석을 다졌어요. 상하이에 첫발을 내딛고는 "나는 여러분의 머리가 되려 하지 않습니다. 여러분을 섬기려고 왔습니다"라면서 임정의 손과 발이 되어 온갖 궂은일을 도맡았고요. 또한 임정이 내분으로 쪼개질 위기에 몰리자 "임시정부를 엇더께던지 붓들어 가야 한다"라며 통합 운동에 앞장서기도 합니다.

도산은 1927년 2월 상하이를 떠나 만주를 순회하며 민족의 대동단결을 위한 강연회를 펼칩니다. 그가 길림에 도착하자 한인 교포들은 도산이 조국을 떠나면서 지은 노래인 '거국가'를 부르며 뜨겁게 환영했습니다. 강연회에는 너무 많은 인파가 몰려와 미처 자리를 잡지 못한 사람들은 연설대에서 멀리 떨어진 곳에 선 채로 도산의 '애국연설'을 들어야 했습니다. 도산이 듣던 대로 거침없는 언변과 동서고금을 넘나드는 해박

만주지역 민족학교인 광성학교 창가집에 실린 도산의 거국가 4절 악보

한 역사 지식을 들어가며 민족의 화합과 단결을 호소하자 청중들 사이에서는 절로 감탄사가 터져 나왔지요. "우리가 신 공화국을 건설하는 날이 동양 평화가 견고해지는 날이요, 동양 평화가 있어야 세계 평화가 있겠소" 강연장에 모인 한인들은 그의 열변에 벅찬 감동을 느꼈고 눈물을 흘리는 사람들도 많았습니다.

그런데 길림 강연회 사흘째 되던 날 뜻밖의 사건이 벌어집니다. 중국

경찰과 헌병 수백 명이 강연장에 난입해 도산 선생과 한인 지도자들을 체포한 건데요. 선생의 연설을 방해하기 위해 일본 영사관과 조선총독부 경무국이 중국 군벌을 매수해 일으킨 짓이었어요. 도산의 말 한마디 한마디가 무기로 바뀌어 만주 침략을 앞둔 일제를 긴장시킨 탓이었지요. 결국 20여 일 만에 모두 풀려나긴 했지만, 그 사건은 일제가 선생의 연설을 얼마나 두려워했는지를 잘 보여주는 사례입니다.

총칼 대신 설득력 있는 화술로 무장한 도산 안창호. 하지만 도산은 웅변에서만 그치지 않았습니다. 거기까지였다면 도산에 대한 평가는 오늘날 같지 않았을 터입니다. 정직하고 진실하게 살아온 삶에서 우러나온 진심의 힘이 사람들의 마음을 움직였던 것이지요. 선생의 말 한마디, 노래 한 구절, 몸짓 하나하나는 힘겨운 시절 좌절에 빠져 있던 동포들의 가슴속에 큰 희망을 안겨 주었습니다.

한국인보다 더 한국을 사랑한 '푸른 눈의 독립투사' · 루이 마랭

1919년 8월 6일, 프랑스 파리 시내에서 조촐한 환송회가 열렸습니다. 우리 임시정부 파리위원부가 미국으로 돌아가는 김규식 선생을 위해 마련한 자리였는데요. 그는 파리강화회의에서 조선의 독립을 호소하기 위해 중국 상하이를 떠나 파리에 와 있었습니다. 환송회장에서는 태극기와 독립선언서가 배포되고 한국 독립을 지지하는 발언이 이어졌어요. 80명 남짓한 참석자들은 '뜻밖에도' 하나하나 매우 화려한 경력을 가진 인물들이었습니다. 환송회 사회를 맡은 사람은 프랑스 하원 부의장이었지요. 그리고 재건 국장인 페이예 장군, 하원의원, 모스크바 시민회의 의장, 파리 주재 중국 총영사 등 내로라하는 명사들이 그날 행사장을 가득 메웠어요. 김규식 선생 일행이 파리 샤또덩 거리 38번지에 둥지를 튼 지 불과 4개월 만의 일이었죠. 나라 잃은 망명객들이 어떻게 그토록 짧은 기간에 파리의 유력 인사들을 한데 모을 수 있었을까요? 우리 임시정부를 도와준 힘 있는 누군가가 있었을까요? 이런 의문에 대한 해답은 그날 그 자리에 참석한 한 프랑스 인사에게서 찾을 수 있습니다.

루이 마랭

루이 마랭과 파리위원부가 위치한 샤또덩거리 38번지 독립운동가 루이
마랭 건물, 오른쪽은 마랭이 3·1운동 때 한국에 파견한 펠리시앙 살레

그 해답의 주인공은 루이 마랭(1871~1960)이라는 하원의원입니다. 그
는 독일 접경지대인 알자스로렌 지방의 작은 마을 브뤼야르에서 태어
났는데요. 그곳 주민들은 오랫동안 프러시아의 지배를 받아 제국주의
침략에 대해 뿌리 깊은 반감을 갖고 있었어요. 그런 역사 지리적 배경
때문에 진보적인 성향을 지니게 된 마랭은 1901년 러시아와 중국을 거
쳐 한국을 여행하면서 우리 역사 속으로 걸어 들어왔습니다. 그는 조
르주 뒤 크로와 함께 쓴 여행기에서 '한국은 극동의 프랑스이며, 한국
민은 순수하고 친절하다'라는 감상을 남겼어요. 귀국 후에는 대한제국
관련 논문을 7편이나 발표하며 프랑스 인사들에게 한국에 관한 관심
을 불러일으켰습니다.

1905년 하원의원에 당선되어 정치적 영향력을 얻게 된 그는 한국
을 돕는 일에 발 벗고 나섰습니다. 마랭은 일제의 침략을 규탄하는 의
회 보고서를 여러 차례 작성했고, 3·1 만세시위 때는 한 인권운동가를
한국에 파견해 일제의 무자비한 탄압을 고발했어요. 1921년에는 한국
친우회를 만들어 친한(親韓)세력을 모으는 일에도 앞장섰고요. 친우회

창립총회에서 마랭은 "한국 독립을 위해 100만인 서명운동을 펼치자"라고 제안하기도 했습니다.

그는 또 중국 상하이의 프랑스 조계지에 있던 우리 임시정부를 보호하는 버팀목 역할을 톡톡히 해주었습니다. 특히 윤봉길 사건 때 일제의 강압적이고 무분별한 한인 체포를 저지하는 데도 그의 힘이 매우 컸습니다. 1932년 4월에 '훙커우 거사', 즉 윤봉길

윤봉길 의사

의사의 의거가 일어나자 일본 경찰은 프랑스 영사관의 영장 승인도 받지 않고 한인들을 닥치는 대로 잡아갔어요. 윤봉길 의거는 워낙 엄청나게 큰 사건인지라 프랑스 조계 당국도 이를 눈감아 주었지요. 당시 집권당 총재였던 '거물 정치가' 마랭은 외교채널을 통해 여러 차례 일본에 강한 압력을 행사합니다. 프랑스 외교문서에는 루이 마랭을 비롯해 총리를 지낸 소르본대 교수, 노벨평화상을 받은 인권연맹 회장 같은 쟁쟁한 사람들이 일본과 프랑스 두 나라 외무성에 "무분별한 한인 체포를 중단하라"라고 강력하게 요구한 당시의 기록들이 생생하게 남아 있습니다. 그들은 모두 한국친우회 회원들이었지요.

그런 일이 있고 나서부터 일본 경찰을 돕던 프랑스 경찰은 거꾸로 일본 경찰을 체포하기 시작했어요. 한인 독립운동가들을 납치하려던 일제의 사복형사들을 붙잡아 프랑스 조계지 감옥에 집어넣었던 것입니다. 그 과정에서 두 나라 경찰 사이에 물리적 충돌이 일어나기도 했지

요. 결국 프랑스와 일본의 외교당국 간에 치열한 공방이 오간 끝에 체포된 한인들은 대부분 석방되었고 5명만이 재판에 넘겨졌습니다. 이처럼 윤봉길 의거로 인한 피해를 최소화하게 된 데는 무엇보다 루이 마랭과 그가 끌어들인 친한파 인맥의 도움이 결정적이었습니다.

루이 마랭의 한국사랑은 해방 후에도 이어졌습니다. 1945년 말 그는 한국에 대한 신탁통치를 비판하는 칼럼을 통해 '가련하고 유순한 자긍심과 숭고한 정신을 지닌 이 나라 백성들은 또다시 자유를 기다려야 한다'라면서 강대국들의 농간에 절대 굴복하지 말라는 애정 어린 충고를 남기기도 합니다. 이같이 3·1운동을 시작으로 파리강화회의와 윤봉길 의거를 거쳐 해방 정국에 이르는 우리 역사의 굵직한 큰 사건 뒤에는 루이 마랭이란 인물이 있었습니다. 40년 넘게 한국의 독립운동을 도운 그에게 대한민국 정부는 2015년 건국훈장을 추서했어요. 프랑스인으로는 처음으로 독립운동 포상이 이뤄진 것이죠. 민족의 수난기에 약소민족의 해방을 위해 싸운 이방인 독립투사 루이 마랭. 우리나라가 지금의 번영을 누리는 것은 마랭과 같은 진정한 우군(友軍)이 보여준 한결같은 애정과 헌신 때문이겠지요.

불과 70여 년 전 우리는 우리가 태어난 땅에서 우리말을 자랑스럽게 쓰지 못하고 우리의 성과 이름도 갈아치워야 했습니다. 그러나 지금은… 우리말 노래를 세계의 젊은이들이 따라 부릅니다. 우리의 음식을 먹기 위해 이 땅을 찾아오는 사람들이 줄을 잇고 있고요. 대한민국의 여권을 갖고 세계에서 두 번째로 많은 나라를 비자 없이 갈 수 있습니다. K

팝, K푸드, K무비, K뷰티, 그리고 K웹툰까지, 이제 코리아의 K자만 붙이면 전 세계 유행의 중심이 되는 세상에 살고 있습니다. 루이 마랭과 같은 우군이 차고 넘칠 정도지요. 그 이유가 무엇일까요. 우리 민족이 한때 세상을 제대로 읽지 못해 혹독한 질곡의 세월을 지내면서 단련을 거듭한 때문은 아닐까요.

우리는 그저 시간만 보내면서 세상을 체념하지 않았습니다. 이 땅에서 힘들면 중국과 간도로 미주와 유럽 대륙을 넘나들면서 조국을 위해 목숨을 던졌습니다. 프랑스 파리에서는 베트남 호찌민의 독립운동을 도왔고 안중근 의거는 인도의 의열항쟁에 불을 지폈으며, '중국의 피카소'라 불린 조선인 화가 독립운동가는 중앙아시아 키질 석굴의 고대 유물을 지켜냈고 몽골에서 '신의(神醫)'로 추앙받은 의사 독립운동가도 있었습니다. 그렇게 모두가 해방을 이루면 멋진 나라를 만들겠다고 다짐하며 했던 일들이 시간이 흘러 꽃피고 열매를 맺어 오늘이 된 것이라고 생각합니다. 이제 그것을 'K독립'의 위대함이라 불러도 좋지 않을까요.

히든 스토리 '미투 운동', 3·1운동을 소환하다

루이 마랭이 3·1 만세시위 때 한국에 파견한 인물은 펠리시앙 샬레라는 인권운동가입니다. 그는 훗날 조선을 떠들썩하게 만든 '로맨스 사건'에 휘말리게 되는데요. 3·1운동의 민족대표 33인 가운데 한 명인 최린은 1927년 피압박민족대회에 참가하기 위해 프랑스 파리에 갑니다. 거기서 우리나라 최초의 여류 서양화가인 나혜석을 만나게 되지요. 세계여행 중이던 나혜석은 최린의 주선으로 샬레의 집에 머물게 되고, 그곳에서 두 사람은 은밀한 만남을 이어갑니다. 당시 두 사람 모두 결혼한 상태였습니다. 아이러니하게도 샬레는 3·1운동 때의 인연으로 부적절한 관계에 얽혀 버린 셈이죠. 그 후 이혼당한 나혜석이 최린을 '정조유린죄'로 고소하면서 조선 천지를 떠들썩하게 만들지요.

좌: 나혜석(1896~1948)과 남편 김우영
우: 최린(1878~1958). 민족대표 33인 중 한 명이었으나 후에 변절하여 광복 후 반민특위에 체포된다.

그런데 2018년 우리나라에서 성폭행이나 성희롱 행위를 여론의 힘을 빌려 고발하는 '미투(Me too)' 운동이 일어나게 되는데요, 그때 최린과 나혜석 사건이 한국 최초의 미투 운동으로 알려지면서 큰 화제를 불러일으킵니다. 백 년 전 일제강점기에 파리에서 시작된 불륜 사건이 난데없이 오늘날 우리 사회에 소환되는 일을 바라보면서 "역사란 우연과 필연이 얽히고설킨 불가사의다"라는 사실을 새삼 깨닫게 됩니다.

女流畫家羅蕙錫氏
崔麟氏相對提訴
慰藉料에依한慰藉料萬二千圓請求
十九日午後正式手續

나혜석과 최린의 간통 사건 기사 (〈동아일보〉 1934년 9월 20일). 이 사건으로 김우영과 합의이혼한 나혜석은 최린을 고소하고 1934년 〈삼천리〉 잡지에 '이혼고백서'라는 글을 기고해 조선 남성의 이중적 성도덕을 신랄하게 비판했다.

그들이 물 한 잔 청한 이유 · 이상설

"물 한 잔 얻어 마실 수 있을까요?"

우리나라는 예로부터 물이 좋고 그에 대한 인심이 좋았습니다. 어떤 곳에서라도 나그네가 목을 축이지 못하는 경우는 없었지요. 목마른 나그네가 아무에게나 물 한 잔을 청하면 기꺼이 대접하는 게 우리네 정서이고요. 어디 그뿐인가요. 지나가던 나그네가 우물에서 물을 긷는 처녀에게 냉수를 부탁하자 처녀는 수양버들 잎사귀 몇 개를 물 위에 띄워 건넸다는 이야기도 전해져 옵니다. 물을 급히 들이키다가 체하지 말라고 버들잎을 띄워 준 건데요, 이런 '물 한 잔의 지혜'를 떠올릴 때마다 흐뭇한 미소가 지어지곤 합니다. 한 잔의 물에 담긴 넉넉한 세상인심이 머릿속에 그려지기 때문이죠. 그런데 목말라하는 나그네에게 물을 주기는커녕 아예 내쫓아버린 일이 있었습니다. 그것도 누구나 알만한 독립운동가가 말입니다. 1907년 중국 간도에서 있었던 일인데요. 누가 어떤 이유로 목마른 나그네를 그토록 야박하게 대했을까요? 그

보재 이상설 선생

　　　　　역사는 스토리다 / 독립영웅을 만든 장면 50

사연의 중심에는 헤이그 밀사로 잘 알려진 보재 이상설(1870~1917) 선생이 있습니다.

일제에 외교권을 빼앗긴 후 중국으로 망명한 이상설 선생은 1906년 간도 용정에 최초의 해외 사립학교인 서전서숙을 세웁니다. 국권 회복을 위해서는 무엇보다 인재를 먼저 길러야 한다는 판단이 섰기 때문입니다. 선생은 사재를 털어 학교 건물을 짓고 학생들을 모아 학비도 받지 않고 신학문을 가르쳤는데요. 학생 수가 70여 명이나 되었습니다. 당시 용정촌 인구가 한인 96세대, 중국인은 5세대였고 주민 수는 모두 합해야 4백여 명밖에 되지 않았다는 점을 생각하면 엄청난 호응을 얻었던 거죠. 서숙의 숙장은 이상설 선생이 맡았고 훗날 임시정부 국무령을 지낸 이동녕 선생이 운영자로 참여했으며 교사들도 쟁쟁한 항일운동가들이었어요. 서전서숙은 신학문 교육과 함께 반일 민족교육을 펼쳐나가면서 사실상 독립군 양성소와 다름없는 학교였습니다.

서전서숙의 학풍을 짐작하게 하는 일화가 있습니다. 상인으로 보이는 일본인 두 명이 서숙에 들러 "상업 시찰차 용정에 왔는데 더운물과 식사 장소를 마련해 달라"라고 요청합니다. 마침 문을 나서려던 이상설 선생은 이 말을 듣고 일언반구 대꾸를 하지 않은 채 뒤도 돌아보지 않고 나가 버렸어요. 일본인들은 하는 수 없이 개울가로 가서 흐르는 물로 목을 축이면서 식사를 할 수밖에 없었다고 합니다. 이상설 선생은 이들이 평범한 상인이 아니라 딴 꿍꿍이가 있는 수상한 자들임을 꿰뚫어 본 것이지요.

그즈음 일제는 서울에 통감부를 설치해 놓고 전국 곳곳에 일본 군경을 배치해서 의병을 닥치는 대로 학살하는 등 국권을 농락하고 있었어요. 또 대륙 침략을 위해 호시탐탐 만주 땅을 노리고 있었고요. 조정 대신을 지낸 이상설 선생이 이런 상황을 모를 리 없었습니다. 선생은 물 한 잔 청한 일본인들이 예사롭지 않은 인물이란 것을 간파했던 거죠. 대체 그들의 정체는 무엇이었으며 어떤 목적으로 서숙을 찾아온 걸까요? 일제의 동양척식주식회사가 펴낸 『간도 사정』이란 책에는 당시 상황이 잘 기록되어 있어요. 1907년 초, 조선통감부는 간도의 한인을 보호한다는 구실을 내세워 만주 침략의 전초 기지를 세우려고 합니다. 그런 계획의 하나로 용정촌 인근에 간도 파출소를 설치하기 위해 후보지를 물색하고 한인들의 동태를 파악하는 등 현지 조사에 착수하지요. 밀명을 받은 육군 중좌 사이토 기지로와 식민지 어용학자 시노다 지사쿠는 상인으로 변장하고 간도에 도착합니다. 두 사람은 이상설 선생과 서전서숙이 반일 세력의 중심이란 사실을 알아채고 물 한 잔 달라며 정탐 활동을 위한 수작을 부린 것이지요.

　사이토는 조선통감부를 통해 일본 외무대신에게 서전서숙에 대한 현지조사 결과를 보고합니다. 보고서에는 이상설 선생이 서숙을 설립한 목적, 운영 실태, 향후 전망이 상세하게 담겼는데요, 특히 자신을 문전박대한 이상설 선생에 대해 '그의 태도가 교만했다'라며 분통을 터트리는 대목이 눈에 띕니다. 사이토는 보고서에 '고종 퇴위 소식을 들은 서숙의 학생과 교직원 모두 비분하고 어떤 이는 의관을 찢어 이를 땅에 던지며 강개했다'라는 기록도 남겼어요. 서전서숙을 일제에 대항하는 불순 단체로 점찍어 놓은 겁니다.

　1907년 8월 조선통감부의 간도 임시파출소가 용정에 세워집니다. 사이토가 파출소장, 시노다가 과장으로 부임하지요. 서전서숙에 와서 더 운물을 달라고 했던 바로 그들이었어요. 이상설 선생의 예상이 적중했던 것이지요. 간도 임시파출소는 일본군 기병대, 헌병, 일진회원 등 모두 65명의 무장 인원으로 이루어졌는데요, 파출소가 아니라 당시 웬만한 경찰서 조직을 뛰어넘는 큰 규모였습니다. 아직 한일병탄도 이뤄지기 전인데도 일제는 "간도는 한국 영토이고 한인 보호를 위해 파출소를 설치한다"라는 억지를 부리며 간도를 대륙 침략의 교두보로 삼을 계획을 세운 것입니다.

1907년 9월 통감부 간도파출소
설치 초기 임시사무소 팻말 앞에
선 사이토 초대 파출소장

조선총독부 간도파출소 모습

　간도 임시파출소 개설 이후 서전서숙은 일경의 끊임없는 감시와 혹독한 탄압에 시달립니다. 거기에 이상설 선생이 네덜란드 헤이그에 밀사로 떠나게 되면서 극심한 운영난에 부딪히게 되지요. 파출소장 사이토는 학교 운영진에게 보조금 지급을 제의하는 회유 공작을 펴기도 하는데요. 하지만 학교 측은 끝까지 일제의 회유책들을 거부하고 폐교를 결정함으로써 민족정기를 지켜냈어요. 비록 1년 남짓한 짧은 기간 동안 존속했지만 서전서숙이 간도 지역에 미친 영향은 매우 컸습니다. 서전서숙은 간도의 한인들에게 민족의식을 불러일으켜 명동서숙, 창동서숙, 정동서숙, 길동서숙 등 민족학교들이 잇달아 문을 여는 기폭제 역할을 했습니다. 이곳의 민족학교 졸업생들은 훗날 독립운동을 이끄는 지도자로 성장했고요. 이 모든 것이 일제 침략자들에게 한 잔의 물도 건네줄 수 없다고 단호한 모습을 보인 이상설 선생의 올곧은 정신에서 비롯된 일이었지요. 그가 남긴 항쟁의 씨앗은 척박한 간도 땅에 깊이 뿌리를 내려 우리 독립운동사의 옹골차고 값진 열매를 맺었던 것입니다.

서전서숙

중국 용정에 위치한 명동학교

몽골의 거리 모습을 바꾼 한 조선인 의사

• 이태준

　근대화 과정에서 새롭게 등장한 직업들 가운데 의사는 당시에도 누구나 부러워하는 대상이었습니다. 하룻밤만 자고 나도 달라지는 역사적 격동기에 의사만큼 안정된 삶을 보장받는 직업은 흔치 않았지요. 게다가 의사들은 서양 의술을 익히면서 자연스레 근대 사상도 접하게 되어 시대적 상황을 직시할 수 있었습니다. 그런 이유 때문인지 우리 근대사에는 '사람을 살리는 의사에서 나라를 살리는 열사'로 나선 이들이 생각보다 꽤 많습니다. 1908년 대한제국에서 첫 면허를 받은 의사들부터 1940년대 중국 의학교를 나와 광복군에 뛰어든 이들에 이르기까지 이 땅의 의사들은 안정적인 삶을 내던지고 구국 전선에 뛰어드는 자랑스러운 전통을 만듭니다. 지금까지 밝혀진 의사와 의학도 출신의 독립유공자는 80여 명이나 되는데요, 이들 가운데 대암 이태준 선생은 의료 항쟁사에서 매우 독특한 위치를 차지하고 있습니다. 세상을 떠난 지 100년이 지난 지금도 몽골의 수도 중심가에 그의 혼이 살아 숨 쉬고 있으니까요.

　대암 이태준(1883~1921)은 세브란스의전을 졸업하고 중국으로 건너갑니다. 난징에 잠시 머물던 그는 1914년 독립운동가들과 군관학교를 세우기 위해 몽골에 갑니다. 하지만 자금 마련이 여의치 않자 다른 사

세브란스의학원 제2회 졸업생 사진(뒷줄 오른쪽에서 세 번째
가 이태준 선생)

람들은 모두 중국으로 되돌아가고 대암 선생만 그곳에 홀로 남습니다.
의사로서 할 일이 있었기 때문인데요, 당시 몽골에는 매독이 널리 퍼져
서 많은 사람이 고통을 받고 있었어요. 서양 의술이 들어오지 않아 제
대로 치료받을 길이 없었던 데다가 국교인 라마교의 영향으로 미신적인
치료법을 고집한 탓이었지요.

　이태준 선생은 수도 울란바토르에 동의의국(同義醫局)이라는 병원을 열
었습니다. '의로움을 같이 하는 동지들의 병원'이라는 뜻으로, 병원 이
름에 조국 독립의 열망을 담았던 거죠. 병원은 이른 아침부터 줄을 서
서 기다릴 정도로 많은 사람이 몰려들었습니다. 마침 살바르산이라는
효과 좋은 매독 치료약이 개발된 데다가, 선생이 생활 수칙을 만들어
몽골인들에게 청결한 위생 습관을 기르도록 노력한 덕분이었어요. 이
태준 선생에 대한 소문이 입에서 입으로 퍼져나갔고 몽골인들은 그를
'신의(神醫)'로 받들었다고 합니다. 선생은 1917년 몽골 왕인 복드 칸의
주치의가 되었고 얼마 뒤에는 외국인에게 수여하는 최고 훈장까지 받
았습니다.

　　　　　　　역사는 스토리다 / 독립영웅을 만든 장면 50

척박한 몽골 땅에 근대 의술을 뿌리내린 지 7년째 되던 1921년. 선생은 안타깝게도 비극적인 운명을 맞게 됩니다. 몽골을 침략한 러시아 백군의 운게른 부대에 붙잡혀 처형을 당하고 만 것이지요. 그의 최후에 대해서는 "일본 군인들이 러시아군을 부추겨 이태준을 죽였다"라고 전해져 왔습니다. 그 무렵 일본 관동군 참모 수십 명이 운게른 부대에서 활동한 사실이 그런 주장을 뒷받침해 주었지요. 이태준 선생은 레닌이 지원한 독립자금을 중국 상하이로 운반하

1921년 몽골을 침략해 이태준 선생을 처형한 로만 폰 운게른 슈테른베르크가 몽골식 장포를 입고 러시아 제국군의 계급장과 훈장을 단 모습

고 의열단의 폭탄 제조에도 가담한 항일운동가였으니까요.

그런데 몽골 민족대학 역사학과의 어이더브 교수는 필자를 만나 뜻밖의 얘기를 들려주었습니다. 그는 "당시 울란바토르에는 엄청나게 많은 일본 밀정들이 깔려 있어 반일 활동을 절대로 드러낼 수 없었다"라면서 선생의 죽음에 대해 '의약품 부족 때문에 벌어진 참극'이라는 새로운 의견을 내놓았습니다. 항일운동을 한 혐의 때문이 아니라 의약품을 강탈하기 위해 러시아군이 그를 죽였다는 얘기지요.

어이더브 교수는 또한 "이태준이 운영한 동의의국의 처방이 워낙 신비로워서 아직도 울란바토르 시내에는 그의 흔적이 남아있다"라는 말도 덧붙였습니다. 실제로 동의의국이 있던 오르트자강 거리에는 무려

40여 곳의 병원과 약국들이 길을 따라 빼곡히 들어서 있습니다. 선생의 병원에 환자들이 몰려들면서 근처에 병원과 약국들이 하나둘씩 생겨나기 시작한 것이 오늘날 울란바토르의 의료타운으로 발전하게 된거죠. 세상을 떠난 지 백 년이 지났지만 몽골의 수도 한복판에 선생의 넋이 여전히 살아 있는 셈입니다. 때로 역사는 이처럼 신기한 풍경을 연출하여 후세에 진한 감동과 교훈을 전해주는 묘한 신통력이 있는 듯합니다. 몽골 사람들은 이태준 선생을 부처님처럼 자비를 베푼다는 의미의 '붓다 의사'라고 불렀습니다. 선생은 단순히 사람의 몸만 치료하는 의술만 펼치는 데 그치지 않고 현지인들과 진심으로 교감하고 두터운 신뢰를 쌓았습니다. 도시의 거리 모습이 지금처럼 바뀌게 된 것은 그가 의술에 앞서 인술(仁術)을 베풀었기 때문이 아니었을까라는 생각이 드네요.

이태준 선생과 그의 이름을 딴 몽골의 공원. 오른쪽은 동의의국 옛터(원)와 오르트자강 의약 거리

병을 다스려서 몸을 바로잡는 것과 사회적 병폐를 다스려서 나라를 바로 세우는 것은 그 맥을 같이 합니다. 암울한 시기에 이 땅의 많은 의사들은 '병든' 나라를 바로잡기 위해 청진기를 내려놓고 총을 잡았습

니다. 그들은 중국과 미주 대륙 그리고 몽골 땅에서도 자신들에게 주어진 역사적 책무를 다했지요. 대암 이태준 선생이 비참한 최후를 맞이한 그해 겨울 울란바토르를 방문한 몽양 여운형이 남긴 글은 선생의 숭고한 삶을 웅변합니다. "이 땅에 있는 오직 하나의 이 조선 사람의 무덤은 이 땅의 민중을 위하야 젊은 일생을 바친 한 조선 청년의 거룩한 헌신과 희생의 기념비였다."

"내 아들만 살릴 수는 없다" · 김구

역사를 되돌아보면 질병은 전쟁 못지않게 인류에게 커다란 아픔과 피해를 남겼다는 사실을 알게 됩니다. 그러나 인류는 전염병에 시달릴 때마다 그 피해를 줄이는 지혜로운 방법을 찾아냈습니다. 특히 전쟁으로 많은 사람이 죽거나 다칠 때일수록 의학 기술은 더욱 발전했습니다. 역설적이지만 전쟁은 의학 발전에 크게 기여한 셈이지요. 19세기에 개발된 모르핀은 신체의 고통을 줄여주는 효과가 있어서 부상병들은 그 약을 '신의 영약'으로 불렀습니다. 모르핀보다 인류에게 더 큰 혜택을 가져다 준 약도 있습니다. 제2차 세계대전에서 페니실린은 전쟁 영웅으로 떠올랐는데요, 인류 최초의 항생제인 페니실린은 수많은 부상병들의 목숨을 구한 '기적의 약'이었어요. 이 약은 전쟁이 한창이던 1943년 상용화에 성공했습니다. 그 덕분에 인류는 숱한 사람들의 목숨을 앗아가던 여러 질병들을 정복할 수 있었죠. 하지만 이 약에는 우리 독립운동사의 가슴 아픈 사연이 숨겨져 있습니다.

1932년 윤봉길 의거 이후 피난길에 오른 우리 임시정부가 마지막으로 머문 곳은 충칭입니다. 중일전쟁으로 중국의 수도가 충칭으로 옮겨

가는 바람에 임시정부 1940년 4월부터 5년 넘도록 이곳에 머물게 되지요, 갑자기 인구가 늘고 공장이 속속 들어서면서 충칭 주민들은 매연에 몹시 시달렸습니다. 날씨도 문제였지요. 충칭의 날씨는 습도가 높고 흐린 날이 많았습니다. 봄과 가을에는 안개구름이 짙게 드리워져 '안개 도시'로 불리기도 했고요. 또 산으로 둘러싸여 공기가 정체된 데다가 석탄과 나무를 때던 시절이라 충칭의 공기 질은 최악의 상태였습니다. 현재의 기준으로 보면 당시 충칭의 미세먼지 농도는 '매우 나쁨' 수준이어서 어린이나 노약자들은 외출하기가 힘들었습니다. 그런 날씨에 궁핍한 생활고까지 겹쳐 당시 임시정부 인사들 가운데는 폐병을 앓거나 그로 인해 목숨을 잃는 사람들이 많았습니다. 김구 선생도 『백범일지』에서 '우리 동포 3백~4백 명이 6, 7년 거주하는 동안 순전히 폐병으로 사망한 사람만 70~80명에 달하였다'라며 안타까운 마음을 나타내기도 했지요.

안개의 도시로 불리는 중국 쓰촨성 충칭

백범 김구 선생

이런 상황에서 백범 김구의 큰아들 김인(1917~1945)이 폐병에 걸립니다. 김인은 17살 때부터 아버지를 따라 독립운동에 뛰어들었습니다. 장차 독립된 대한민국을 이끌어 나갈 유능하고 젊은 독립군 투사였지요. 주변에서는 "인이만큼은 살려야 한다"라면서 백범에게 어떻게 해서든지 페니실린을 구해 아들을 살려내야 한다고 설득했습니다. 김인의 아내 안미생 여사도 임시정부 주석이자 시아버지인 백범을 찾아가 엎드려 울면서 "페니실린만 있으면 폐병을 낫게 할 수 있다고 합니다, 아버님께서 그 약을 좀 구해주십시오"라고 애원했어요. 묵묵히 듣고 있던 그는 한숨을 내쉬며 이렇게 말했다고 합니다. "독립운동을 하는 숱한 동지들에게도 구해주지 못했는데, 어찌 아들이라고 약을 쓰겠느냐."

백범 김구와 두 아들 김인(왼쪽), 김신

백범과 큰며느리 안미생 여사

그 무렵 페니실린이 개발된 지 얼마 되지 않아 값이 비싸고 구하기도 쉽지 않았지만 임시정부 주석이라면 충분히 구할 수 있을 정도였다고 합니다. 그런데도 그는 "나의 동지들에게 해주지 못한 것을 아들이라고 해줄 수는 없다"라며 거절한 거죠. 결국 김인은 병을 이기지 못하고 해방을 눈앞에 둔 1945년 3월 충칭에서 숨을 거둡니다. 그때 인의 나이는 27살, 조국을 위해 한창 일할 수 있는 아까운 나이였습니다.

역사는 스토리다 / 독립영웅을 만든 장면 50

이 세상에 부모에게 자식의 목숨보다 더 소중한 것이 무엇이 있을까요. 하지만 백범은 자식이 병마와 싸우며 목숨을 잃을지 모르는 위급한 순간에도 공과 사를 엄격히 구분했습니다. 그토록 처절하리만큼 냉정한 마음이 있었기에 우리가 독립을 이루어 낼 수 있었겠지요. 백범은 그의 일지에 아들의 죽음에 대해 이렇게 적었습니다. '알고도 불가피하게 당한 일이라 좀처럼 잊기 어렵다.' 제대로 손써 보지도 못하고 자식을 떠나보낸 아비의 비통한 심정을 어떻게 헤아릴 수 있겠습니까. 자식의 목숨이 걸린 순간에도 '선공후사(先公後私)' 정신을 잃지 않았던 백범. 그가 영원한 민족 지도자로 존경받는 이유가 바로 여기에 있다고 생각합니다.

『백범일지』

아내가 칼을 빼든 사연 · 이은숙

이은숙 여사

"광복은 남성의 전유물이 아니다."

한국광복군에서 활동한 오광심 선생이 여성들의 항전을 부르짖으며 한 말입니다. 그의 남편은 광복군 지대장을 지낸 김학규 선생이지요. 부부는 조국 해방의 최전선에서 어깨를 나란히 했는데요, 그의 말처럼 독립운동은 남성만 해야 하는 투쟁이 아니었습니다.

당시 많은 여성이 독립운동가 남편을 음지에서 뒷바라지하는 데 온 힘을 기울였어요. 우당 이회영 선생의 부인 이은숙(1889~1979) 여사도 마찬가지였죠. 일제에 나라를 빼앗긴 1910년, 여사는 남편과 다섯 형제의 일가족과 함께 압록강을 건너 서간도로 향했습니다. 우당 선생 일가는 막대한 재산을 처분하여 독립군을 양성하는 신흥무관학교를 세웠습니다. 수많은 젊은이들을 먹이고, 입히고, 재우고, 거기에다가 60명이 넘는 대가족을 보살피는 일 또한 이은숙 여사의 몫이었지요.

만주에 독립운동의 전초기지를 만든 후 이회영 부부는 베이징으로 건너갑니다. 그 많던 재산은 이미 바닥나 버렸고 변변한 집 한 칸 없이 처절한 떠돌이 생활을 하게 되었어요. 1925년 봄, 애국계몽운동을 펼치다가 변절한 김달하가 의열단체인 다물단 단원들에게 처단되는 사건이 벌어집니다. 사건 이후 동포 사회에는 "우당 부부가 왜놈 밀정의 상가에 문상하러 갔다"라고 두 사람을 비방하는 소문이 퍼집니다. 그 무렵 김달하와 이회영 선생 내외는 자녀들을 같은 학교에 보내고 있어서 집안끼리 왕래가 잦았다고 합니다. 이은순 여사가 막내아들을 데리고 상갓집에 다녀온 것은 사실이었고요.

우당 이회영
(1867~1932)

독립운동가 이규창
(1913~2005)

김달하 피살 사건이 일어난 지 며칠 지나지 않은 어느 날. 이회영 선생에게 "앞으로 우당 댁과는 절교하겠노라"라는 내용의 편지가 도착합니다. 대쪽 같기로 이름난 단재 신채호와 심산 김창숙 선생이 보낸 것이었지요. 두 사람은 "어찌하여 왜놈의 밀정 노릇 하다가 처단당한 자를 조문할 수 있는가. 이런 행동 을 하는 선생하고는 절코 뜻을 같이할 수 없다"라며 분노했어요. 이회영 선생은 몹시 당황했습니다. 피를 나눈 형제보다 목숨을 나누기로 약속한 동지들에게 버림받는 일이 더 큰 고통이었으니까요. 남편의 곧은 성품을 누구보다 잘 알고 있는 이은숙 여사도 너무나 분하고 기가 막혔습니다.

이튿날 아침 이은숙 여사는 열두 살 난 아들 규창을 앞세우고 김창숙과 신채호 선생이 묵고 있는 집을 찾아갔습니다. 이때 단재와 심산 두 사람은 담판을 지으려고 방으로 들어온 이 여사를 아예 거들떠보지도 않았다고 합니다. 더욱 화가 치밀어 오른 여사는 두 사람에게 잘잘못을 일일이 따졌지요. "당초 김달하를 밀정이라 의심하는 사람은 아무도 없었다. 그 부인이 하도 안되고 불쌍해서 위로하러 갔을 뿐이었고, 내 남편은 상갓집 근처에도 가지 않았다"라면서 "내 조카와 딸이 이 일 때문에 고초를 겪고 있지 않은가. 무슨 의미로 절교 서신을 보냈는지 그 이유를 대라"라고 소리를 높였습니다. 실제로 여사의 조카 이규준은 다물단 단원으로 암살에 가담했고 딸 규숙도 이 사건에 연루되어 중국 공안국에 붙잡혀 있었어요. 두 사람은 매우 난감해하면서도 묵묵부답이었다고 합니다.

그리고 나서 여사는 갑자기 품 안에서 단도를 꺼내 들고 "나의 영감이 추호도 잘못이 없음을 만천하에 알리시오. 만약 그렇게 안 한다면 이 칼로 당신 둘을 죽이고 나도 죽겠소"라며 단재와 심산 두 사람을 다 그쳤습니다. 이 여사와 함께 간 아들 규창도 어머니 못지않게 화가 나서 두 사람에게 덤벼들었다고 해요. 주변 사람들이 달려와 두 모자를 떼어내어 겨우 대문 밖으로 내보냈어요. 집 밖으로 나온 규창은 여전히 분이 풀리지 않았던지 길바닥에서 돌을 주워 집 안으로 던져 버렸다고 합니다. 유리창이 깨지는 소리가 요란했겠지요. 부자지간보다 더 강렬한 모전자전(母傳子傳)의 한 장면을 보는 듯합니다.

앞뒤 사정을 알게 된 신채호와 김창숙 선생은 얼마 후에 "모든 게 미안하게 되었으니 과히 허물치 말아 달라"라고 용서를 구했습니다. 이은숙 여사도 더 이상의 말을 삼가고 "오해로 빚어진 일이니 괘념치 마시라"라며 두 사람의 사과를 흔쾌히 받아들였지요. '조문 소동'은 여사의 용기 있는 행동으로 오해가 풀리면서 매듭지어졌습니다. 그렇지만 여사는 두 사람에게 칼을 들이댄 그 심정을 말끔하게 떨쳐 낼 수는 없었을 것입니다. 나라 잃고, 재산 잃고, 이제는 동지들마저 잃게 되는 설움을 이겨내기 어려웠을 테니까요. 칼을 빼 들 수밖에 없었던 이은숙 여사의 비통한 심정이 헤아려집니다. 몇 달 뒤 이은숙 여사는 남편과 아들, 딸을 중국에 남겨 두고 생활고를 해결하기 위해 홀로 귀국합니다.

이은숙 여사는 조선조 최고 명문 집안의 안주인이면서 고종황제의 조카딸을 며느리로 둔 높은 신분을 지녔어요. 그렇지만 그런 신분에 연연하지 않고 여사는 귀국한 뒤에 남의 집 식모살이와 고무신공장 직공, 심지어 유곽 기생들의 삯바느질 일도 마다하지 않았습니다. 거기서 한두 푼 모은 돈을 생활비와 군자금으로 달마다 중국에 보냈고요. 이미 무너진 나라의 명문가 출신 따위는 거적때기에 불과하다고 생각했습니다. 여사가 말년에 쓴 회고록은 도저히 맨정신으로 읽어내기가 어렵습니다. 어찌 이은숙 여사뿐이겠습니까. 너무나 힘든 시기에 항일투쟁을 하는 남편과 아들, 시아버지를 둔 여성들이 견뎌낸 고통은 오늘날 기준으로는 상상하기조차 힘듭니다.

이은숙 선생 부부가 거주한 곳 중 하나인 베이징 차오더우후통 거리. 거주지 흔적은 남아 있지 않다.

항일투사를 내조한 여성들의 삶은 '또 하나의 독립운동'으로 존중받아야 마땅합니다. 그들의 희생이 조국 광복의 밑거름이 되어 오늘의 번영을 이루었으니까요. 지금까지는 여성들의 항일운동에 크게 눈길을 주지 않았지만 이제는 그 업적을 널리 알리고 깊이 기려야 할 때라고 생각합니다.

'밀정'과 '사학 재단'

김달하는 구한말 정3품 벼슬을 지내고 애국계몽단체인 서북학회의 총무를 지냈습니다. 한일병탄 후 일제 앞잡이로 변신한 그는 1913년 베이징으로 건너갑니다. 그곳에서 독립운동 정보를 캐내어 일경에 밀고하거나 독립운동가들을 회유하는 공작을 벌이다가 1925년 3월 30일 암살당하지요. 김달하의 밀정 활동은 2019년에 조선주둔군 사령관을 지낸 우쓰노미야의 편지가 공개되면서 또 한 번 화제가 되었습니다. 편지 속에는 '독립운동가 회유 활동비로 김달하에게 3만 엔을 지급하라.'라는 내용이 담겼는데요, 3만 엔은 현재 가치로 수억 원에 달하는 거금입니다. 그 편지는 김달하가 일제의 고급 밀정이었다는 사실을 뒷받침하는 증거가 된 셈이죠.

김달하(1867~1925)와 김애란의 약혼 사진. 가운데 소녀는 신부의 동생 김활란.
두 번 상처한 김달하는 42살 때인 1909년 이화학당에 다니던 19살 김애란과 결혼한다. 이 결혼을 위해 김달하가 가난한 처가에 집을 한 채 사주었다고 한다.

김달하의 가족사도 흥미롭습니다. 그의 부인 김혜란은 이화여대 총장을 지낸 김활란의 언니입니다. 김활란은 정신대 참여를 적극 독려하고 내선일체를 찬양하는 활동을 펼쳐 친일반민족행위자 명단에 오른 인물이죠. 김달하가 피살된 후 그의 후손들은 어떻게 되었을까요? 그의 외손자는 현재 서울 성북구에 있는 동구여중·마케팅고를 운영하는 동구학원의 이사장입니다. 친일 밀정으로 알려진 김달하의 딸 부부와 손자들이 대를 이어 사학재단을 운영해 온 건데요. 1942년 총독부 인가를 받아 설립된 이 학교는 전형적인 족벌 운영으로 여러 차례 여론의 도마 위에 올랐지요. '밀정'과 '사학재단', 이 기묘하고 어이없는 조합은 친일과 족벌로 얼룩진 대한민국 사학들의 흑역사를 여실히 보여주고 있습니다.

기적 같은 예술혼 불사른 해방 전사 · 한형석

1942년 8월 9일 저녁, 제2차 세계대전이 격화되는 가운데 구(舊)소련의 레닌그라드시 음악회장에 시민들이 하나둘씩 모여들었습니다. 소련의 국민 작곡가 쇼스타코비치가 작곡한 교향곡 7번 〈레닌그라드〉의 연주회가 열리기 때문이었죠. 도시 전체가 1년째 독일군에게 봉쇄를 당한 상태여서 객석에 앉아있는 청중들의 얼굴은 굶주리고 지친 표정이 가득했지만 연주회장엔 뜨거운 열기가 넘쳤습니다. 연주는 확성기를 통해 강 너머의 독일군 진지까지 울려 퍼졌고, 이날 하루 동안 포성이 멎었다고 합니다. 언론에서는 '오늘 적과 아군은 음악으로 하나가 되었다'라며 깊은 감동을 전했어요. 레닌그라드 봉쇄는 9백 일 동안 무려 백만 명이 넘는 군인과 민간인이 희생되는 제2차 세계대전 최대의 비극적인 참사로 기록되고 있습니다. 인류 역사 속에는 참혹한 전쟁의 포화 속에서도 예술혼을 기적처럼 꽃피운 아름다운 이야기들이 이어왔던 것이죠.

그 무렵 일제 침략으로 총소리가 그치지 않고 있던 아시아 내륙에서도 이와 비슷한 일이 일어났습니다. 무대 예술의 꽃이라 불리는 오페라

공연이 열린 건데요, 치열한 전쟁의 와중에서 많은 인력이 동원되는 오페라를 어떻게 무대에 올릴 수 있었던 걸까요? 그 사연은 이렇습니다. 1940년 5월, 중국 시안에서 한인과 중국인 예술가들이 힘을 모아 가극 〈아리랑〉 공연을 펼쳤습니다. 흥미롭게도 이 공연을 이끈 이는 한형석(1910~1996)이라는 한국청년전지공작대의 군인이었어요. 그는 각본, 작곡, 악단 지휘, 바이올린 연주와 남자 주인공까지 1인 5역을 맡았죠. 말 그대로 '북 치고 장구 치고' 혼자서 무대를 쥐고 흔든 셈이지요. 60여 명의 출연진 대다수는 한인 군인들이었고 시안의 음악가들이 한국과 중국의 전통 악기를 연주했으며 여기에 시안에서 활동하던 4개 합창단이 참여해 웅장함을 더했습니다.

한인 목동의 처절한 항일 정신을 그린 가극 〈아리랑〉은 한국인에 대한 인식을 바꿔놓을 정도의 격찬을 받았는데요. 중국 '시안일보'는 이 가극을 '음악계에 전례 없는 2백 명 대연합의 악단과 합창단이 동원된 놀라운 파격'으로 평가했습니다. 가극 〈아리랑〉은 중일전쟁으로 군

중국 국민군 음악교관
시절의 한형석

오페라 〈아리랑〉의 서곡 악보

역사는 스토리다 / 독립영웅을 만든 장면 50

수물자가 부족해지자 여름철 군복 제작비용을 마련하려고 기획했는데 기대 이상의 큰 성공을 거둔 것이지요. 당초 1주일 예정이었던 공연은 흥행 성공에 힘입어 사흘 더 연장됩니다. 공연이 끝난 뒤 수익금 4천 원은 전액 장병들의 군복 제작비로 사용되었다고 합니다.

〈아리랑〉은 우리 음악사에 최초의 가극으로 기록되고 있습니다. 완성된 가극 형태를 갖춰 "초기 단계에 머물던 중국 가극에 큰 영향을 미쳤다"라는 평가도 받았어요. 이 가극을 만든 한형석 선생은 다섯 살 때 상하이로 건너와 예술 학교를 졸업하고 중국군 항일연극대에서 활동했습니다. 당시 일본과 전쟁 중이던 중국에서는 길거리 공연이 활발하게 펼쳐졌는데 주로 항일의식을 불러일으키는 내용이었습니다. 그것을 보고 난 중국 청년들은 일제에 대한 적개심에 불타올라 그 자리에서 자원입대하는 경우가 많았다고 해요. 연극 공연이 군인을 모집하는 초모 활동에 활용되었던 거죠. 한형석 선생은 예술을 통한 초모 활동뿐만 아니라 직접 일본군에 맞서 싸우기도 했지요. 1939년 6월, 중조산 전투에서는 대원 30여 명과 함께 일본군에 포위되었다가 구사일생으로 탈출한 적도 있습니다. 이 전투 후 그는 중국군을 떠나 한인 결사대 조직인 한국청년전지공작대에 입대합니다. 그리고 이듬해 한중 합작으로 〈아리랑〉 공연을 무대에 올리게 됩니다.

한국청년전지공작대가 1941년 광복군에 편입된 뒤에도 선생은 중국군 위문과 전쟁고아들의 생활비 마련을 위해 전시(戰時) 공연을 이어 갔습니다. 이런 활동은 한국 독립에 별 관심이 없던 중국인들의 마음을 움직여 광복군을 적극적으로 지지하고 지원하도록 만들었습니다. 특히 1944년 삼일절 기념으로 진행된 〈아리랑〉 공연은 그 규모와 영향이 대단했어요. 한국과 중국의 유명한 예술인들이 총출동한 이 공연은 매일 전석 만원을 기록했습니다. 전쟁의 포화 속에서도 무려 4만 명이 관람하는 기적 같은 성과를 거두었지요. 공연이 끝난 후에도 아리랑 노랫소리와 우레와 같은 박수 소리가 사방에 울려 퍼졌고요. '긴장감 있는 구성과 짜임새 있는 줄거리를 갖춘 근래 보기 드문 수작'이라는 중국 언론의 찬사가 뒤따르기도 했습니다.

1944년 중국 시안에서 열린 '아리랑' 공연 포스터

한형석 선생은 전쟁이 끝날 때까지 20여 차례나 '전시 공연'을 펼쳐 광복군과 중국군의 연합 전선 구축에 큰 힘을 보탰습니다. 또 광복군 선전부장을 지내며 수많은 독립군가를 짓기도 했어요. 일제 패망 후 고향인 부산으로 돌아온 그는 사재를 털어 우리나라 최초의 아동 전용

극장을 세웠습니다. 그곳에서 2년 동안 5백
여 차례나 아동극을 무대에 올려 한국전쟁
으로 버림받은 아이들에게 꿈과 용기를 북돋
워 주었지요. 선생의 일생을 따라가 보면 "삶
이 곧 예술이고 예술이 곧 삶"이란 생각을
하게 됩니다. 그만큼 삶과 예술의 구분이 없
는 올곧은 저항 정신으로 일관한 삶이었습니
다. 중일전쟁과 한국전쟁의 포화 속에서 일

먼구름 한형석 선생

궈낸 한형석 선생의 예술 구국 정신. 그는 죽음의 공포와 마주한 사람
들에게 삶의 희망과 위안을 건네는 예술의 위대함을 다시금 일깨워 주
었습니다.

대륙을 누빈 '팔방미인' 전사 · 오광심

독립운동가 오광심 선생

'팔방미인(八方美人)'이라는 말이 있습니다. 말 그대로 '여덟 가지 방향에서 보아도 아름다운 사람'이라는 뜻이지요. 여러 분야에서 두루 뛰어난 사람이라는 의미로 더 자주 사용되는 말입니다. 팔방미인과 같은 뜻으로는 '다재다능'이 있고 여성의 경우에 '엄마 친구 딸'을 줄여 이르는 '엄친딸'이란 신조어도 많이 쓰고 있는데요. 예나 지금이나 남들보다 재능이 뛰어난 여성들이 있기 마련이죠. 일제강점기에 활동한 여성 애국지사 중에도 한 사람이 서너 사람의 몫을 거뜬히 해낸 팔방미인들이 많았습니다. 이들은 독립선언서를 전달하고, 전단을 뿌리고, 폭탄을 몰래 운반하고, 때로는 직접 총을 들고 나서기도 했어요. 그 가운데 타의 추종을 불허하는 '역대급' 팔방미인으로 손꼽히는 분이 있어 소개합니다. 그는 바로 오광심 (1910~1976) 선생입니다.

오광심 선생은 일제에 나라를 빼앗긴 해에 평안북도에서 태어나지만 어려서 부모님 손에 이끌려 만주로 건너갑니다. 스무 살 되던 해에 독립운동가들이 세운 민족학교에서 교편을 잡고 아이들을 가르치다가 1931년 일제가 만주를 침략하자 교단을 떠나 무장항쟁 대열에 뛰어들지요. 보다 적극적으로 독립운동을 하기 위해 분필을 잡던 손으로 총을 잡은 것입니다. 그 무렵 그는 조선혁명군 간부인 김학규 선생을 만나 결혼하고 두 사람은 평생 동지가 되어 함께 항쟁 대열에 나섭니다. 일제의 집요한 탄압으로 만주에서 무장 투쟁하는 것이 힘들게 되자 조선혁명군은 근거지를 옮길 계획을 세우는데요. 선생 부부는 선발대로 뽑혀 가장 먼저 난징으로 향하게 됩니다.

두 사람은 난징에서 현지 조사를 하고서는 보고서를 작성했는데 그 분량이 생각보다 많았다고 합니다. "이 많은 걸 어떻게 본부에 전달하지?" 수북이 쌓인 보고서 더미를 보고 선생 부부는 너무나 막막했어요. 지금이야 전 세계가 인터넷으로 이웃처럼 촘촘하게 연결돼 있어 버튼 하나만 누르면 아무리 많은 문서라도 눈 깜짝하는 사이에 전달할 수 있지만요. 당시에는 우편으로 보내거나 사람이 직접 전달하는 것 말고는 방법이 없었습니다. 그런 비밀문서는 자칫 일본군에게 발각되면 본인은 물론 조직 전체가 위험해질 수밖에 없기 때문에 어떤 방법을 선택하든 용기가 필요했지요. 오광심 선생은 어떻게 하면 안전하게 문서를 가져갈 수 있을까 고민하다가 한 가지 기발한 방법을 생각해 냈습니다.

선생이 찾은 그 기발한 방법이란 어떤 것이었을까요? 깨알같이 적어 옷 속에 숨겼을까요, 아니면 중요한 부분만 빼내서 신발 밑창에 넣고 꿰매 버렸을까요. 둘 다 아니고요. 2백 페이지나 되는 보고서를 나흘 만에 모조리 외워 버렸답니다. 입이 벌어지지 않나요? 머릿속에 보고서 내용을 모두 입력했으니 일제의 삼엄한 검문에 걸릴 일도 없었어요. 오광심 선생의 천재성은 본부에 도착해서 동지들에 의해 확인됩니다. "정말 2백 페이지 분량을 다 외웠을까?" 믿지 못하던 동지들 앞에서 선생은 보고서 전부를 또박또박 한 자도 빼놓지 않고 술술 뱉어냈습니다. 나중에 확인해 보니 선생이 구술한 것과 보고서의 내용이 숫자 하나 틀리지 않고 정확히 일치했다고 합니다. 조국 독립을 향한 절박한 마음이 초인적인 힘을 발휘하게 한 것이 아니었을까요.

그 후 한국광복군으로 소속을 옮긴 오광심 선생은 선전 활동을 활발하게 펼쳤어요. "광복군은 남성들의 전유물이 아닙니다. 우리 여성들이 참가하지 아니하면, 사람으로 말하면 절름발이가 되고 수레로 치자면 외바퀴 수레가 되어 필경 쓰러지게 됩니다"라며 여성들의 입대를 독

조선혁명군 시절의 김학규,
오광심 부부

광복군 김학규 지대장과 오광심 부부

려했습니다. 또 신병을 모집하는 임무도 맡았는데요. 중국 방송을 통해 일본군에 강제로 끌려간 한인 학도병들을 회유하는 공작 활동이었습니다. 선생은 3년 동안 160여 명을 신병으로 입대시키는 엄청난 공을 세웠습니다. 선생이 끌어들인 신병의 수는 같은 기간 광복군이 모집한 전체 신병의 절반이나 되었다고 하니 그가 얼마나 커다란 공을 세웠는지 짐작할 수 있겠지요.

중국인 복장을 한 오광심 선생과 김학규 선생, 가운데는 광복군 서파 선생

널리 알려진 사실은 아니지만 오광심 선생은 '변신의 귀재'였다고도 합니다. 선생이 공작이나 선전 활동에서 큰 성과를 올릴 수 있었던 이유는 변장술에 능했기 때문인데요. 보고서를 통째로 외운 다음에 난징에서 만주까지 먼 길을 이동할 때에도 중국인과 일본인으로 번갈아 가며 변장을 하여 임무를 성공시켰습니다. 선생의 아들은 "어머님은 광복군을 모집하는 초모 활동이나 공작을 할 때 대학생으로 위장했어요. 단발머리를 하고, 치파오를 입어 중국 여학생처럼 변장하고 다녔다고 말씀하셨지요"라고 전했습니다. 일본이 패망한 후 선생 부부는 바로 고국으로 돌아오지 않았어요. 중국에서 동포들의 귀국을 돕는 임무를 마치고 1948년이 되어서야 조국의 품으로 돌아올 수 있었지요. 해방된 조국에 왔지만, 부부를 기다리는 것은 친일파가 파치는 세상이었습니다. 더욱이 좌우 대립도 심했던 터라 선생 부부는 마음고생과 극심한 생활고에 시달렸습니다.

광활한 중국 대륙을 누비면서 조국의 독립을 위해 평생을 바친 '팔방미인' 오광심 선생. 그의 파란만장한 인생은 66세를 일기로 마침표를 찍습니다. 선생이 생전에 남긴 자작시에는 광복을 향한 뜨거운 열망과 한 여전사의 눈물겨운 항쟁의 모습이 가슴 시리게 담겨 있습니다.

어두운 밤길에 준령을 넘으며
님 찾아가는 이 길은 멀기만 하여라
님 찾아가는 이 길은 멀기만 하여라
험난한 세파에 괴로움 많아도
님 맞을 그날 위하여 끝까지 가리라
님 맞을 그날 위하여 끝까지 가리라

이 한 장의 '묻엄' 사진 · 김구

　여기에 한 장의 사진이 있습니다. 백범 김구 선생이 가족과 함께 부인 최준례 여사의 묘소를 찾은 모습이지요. 먼저 눈길을 끄는 건 비석인데요, 무덤을 '묻엄'이라고 적었고 태어나고 죽은 날짜를 한글로 새겨 놓았습니다. ㄱ, ㄴ, ㄷ, ㄹ… ㅈ, ㅊ은 차례대로 1, 2, 3, 4… 9, 10을 의미하니까 'ㄹㄴㄴㄴ해 ㄷ달 ㅊㅈ날

최준례 여사의 묘소를 찾은
김구 선생 가족

남'이란 무덤의 주인공이 단기 4222년 3월 19일에 태어났다는 거죠. 한글 자음의 순서를 아라비아 숫자에 대입해서 읽으면 이해가 됩니다. 또 '대한민국 ㅂ해 ㄱ달 죽음'은 대한민국 6년 1월, 즉 임시정부가 출범한 1919년을 대한민국 건국의 원년으로 보았기 때문에 1924년 1월에 죽었다는 뜻이고요. 이 암호 같은 비문은 김두봉이라는 한글학자가 순수한 우리말로 쓴 것입니다. 1924년 2월 중국 상하이에서 찍은 이 사진에는 김구 선생이 가슴 아픈 가족사와 함께 수난과 소용으로 뒤범벅된 한국 근현대사가 고스란히 담겨 있습니다.

최준례(1889~1924) 여사는 경성의 경신학교 출신의 신여성으로 집안의 반대를 무릅쓰고 백범과 결혼했습니다. 최 여사는 2남 3녀를 두었습니다. 하지만 딸 셋을 모두 일찍 여의고, 막내인 신을 낳은 뒤 몸조리하다가 계단에서 굴러떨어져 크게 다쳤어요. 엎친 데 덮친 격으로 폐병까지 걸려 병원에 입원했지만 변변한 치료도 받지 못한 채 39년의 고된 삶을 마감했습니다. 임종을 앞두고 최 여사는 주변 사람에게 "남편에게는 알리지 말아라"라고 당부하며 쓸쓸히 눈을 감았는데요, 일제에 쫓기는 남편이 일본 조계지에 있는 병원에 올 수 없다는 사실을 잘 알고 있었기 때문이지요. 백범은 결국 아내의 임종을 지키지 못했습니다. 사진 속에서 김구 선생 옆에 있는 곽낙원(1859~1939) 여사는 며느리가 일찍 사망한 뒤로 생활비를 마련하고 손자를 교육하는 등 모든 일을 떠안게 되었어요. 게다가 70이 넘은 많은 나이에 임정의 살림까지 맡아 조국을 위해 헌신적으로 싸우다가 한 많은 삶을 마감했습니다.

　백범의 마음속에 남은 가장 큰 상처는 아들을 먼저 저세상으로 떠나보낸 일이었어요. 사진 오른쪽에 서 있는 장남 김인(1917~1945)은 독립군 장교로 활동하다가 광복을 불과 5개월 앞에 둔 1945년 3월 폐병으로 사망했습니다. 김인이 안중근 의사의 조카딸인 아내와 딸 하나를 남기고 망명지에서 병사했으니, 아버지 백범의 심정이 어땠을까요. 독립운동을 하느라 가정을 제대로 돌보지 못했던 백범 김구. 이루 말할 수 없는 통한으로 굴곡진 그의 가정사가 이 한 장의 사진 속에 오롯이 담겨 있습니다. 이뿐만이 아니지요. 이 사진에는 광복 후 분단과 동족상잔의 비극을 상징하는 장면도 겹쳐 있습니다.

최준례 여사의 비문을 쓴 백연 김두봉(1889~1961?)은 '현대 한글의 아버지' 주시경 선생의 수제자로 알려진 한글학자입니다. 1919년 3·1 운동 후 상하이로 망명해 임시정부 임시의정원 의원을 지내며 우리말 어휘를 정리하는 일에 매달렸습니다. 그는 늘 "이 세상에서 가장 아름다운 말이 조선말이다"라는 말을 입에 달고 다녔다고 해요. 거기에 전형적인 학자이자 선비의 풍모를 지녔어요. 그런 그가 나중에 의용군을 이끄는 무장항쟁가로 변신하게 될 줄을 당시에 누가 상상이라도 했겠습니까. 1940년 무렵 백연은 자신의 조카사위이자 조선의용대장인 김원봉과 노선을 달리하면서 중국 공산당의 팔로군에 합류했습니다. 그는 팔로군과 함께 태항산 전투에서 일본군 40여만 명에 맞서 싸우며 '태항산 호랑이'라는 별명을 얻기도 했지요.

부인 최준례 여사와 함께 찍은 사진

해방을 맞아 조선독립동맹의 주석 자격으로 국내에 들어온 백연 김두봉은 북한 정권 수립에 큰 공을 세웁니다. 1948년 4월에 그는 김일성과 더불어 남쪽의 김구, 김규식과 평양에서 '4김 회담'을 가지는데요. 그와 백범 두 사람은 역사의 갈림길에서 '적 아닌 적'으로 마주하게 된 거죠. 회담 직전 백범은 임정의 오랜 동지 백연에게 '수십 년 동안 한 곳에서 공동 분투한 옛정을 담아' 통일정부 수립을 호소하는 편지를 보냅니다. 하지만 이미 단독정부 출범 준비를 마친 북측에 정치적 들러리로 이용만 당하는 안타까운 결과를 보고 말았어요. 최 여사의 비문을 지은 백연과 20여 년 만에 다시 만난 백범. 두 사람은 영영 돌아올 수 없는 역사의 탁류 속에 몸을 맡길 수밖에 없었습니다.

오른쪽 두 번째가 김두봉, 그 옆이 김일성

남북협상에 참석하기 위해 3.8선을 넘는 김구 선생

남북회담 이듬해인 1949년, 백범은 안두희가 쏜 총을 맞고 그 자리에서 쓰러졌어요. 북한 정권 수립에 기여한 백연 김두봉은 최고인민회의 상임위원장으로 선출되어 국가 수반의 자리에 올랐고요. 하지만 김일성 1인 지배체제를 비판하다가 1958년 '반당종파분자'로 숙청당하고 맙니다. 백연은 북한의 항일혁명열사릉이나 애국열사릉 어디에도 묻히지 못했습니다. 오히려 4김 회담의 상대였던 김규식 선생은 한국전쟁 때 납북되어 애국열사릉에 잠들어 있지요. 이 얼마나 아이러니한 역사의 비극인가요. '묻엄' 사진 속 인물들은 모두 너나 할 것 없이 비참한

역사는 스토리다 / 독립영웅을 만든 장면 50

최후를 맞이했던 겁니다. 이 모든 것이 작고 힘없는 나라에서 벌어진 너무나 뒤틀리고 어이없는 역사의 한 장면이라는 생각에 가슴이 저려 옵니다.

영국인 쇼 가문의 국경 넘은 사랑 · 조지 쇼

'황해안을 경과할 시에 일본 경비선이 나팔을 불고 따라오며 정선을 요구하나 영국인 함장은 들은 체도 아니하고 전속력으로 경비 구역을 지나 4일 후에 무사히 상해에 닻을 내렸다'

김구 선생이 쓴 『백범일지』에 나오는 내용인데요, 상하이로 망명할 때의 긴박한 상황을 기록한 글입니다. 여기 나오는 영국인 함장은 조지 엘 쇼(1880~1943, George Lewis Shaw)라는 사람을 말합니다. 그는 중국 단둥에서 선박회사를 운영하면서 백범 김구를 비롯한 많은 독립운동가들을 자신의 배에 태워 상하이로 피신시켰습니다. 또 자기 회사 건물에 임시정부 교통국을 두게 했고, 군자금 마련과 무기 운송에도 발 벗고 나서서 우리의 독립운동을 물심양면으로 도왔지요. 일제는 그를 회유하고 협박도 해보았지만 아무 소용이 없었어요. 조지 쇼는 "망국민을 동정하는 것은 인지상정"이라면서 우리 독립운동을 적극적으로 지지했고 그것을 행동으로 옮겼습니다. 우리 독립운동가들에게는 정말 고마운 외국인 동지가 아닐 수 없었는데요. 쇼 역시 영국의 식민지인 아일랜드 출신이라서 자기와 같은 처지에 놓여 있는 한국인들을 진심으로 도왔던 것이죠. 그런데 이처럼 한국인보다 더 한국을 사랑한 쇼의 집안 속에는 매우 흥미로운 가족사가 숨겨져 있습니다.

1879년 중국 푸젠성 푸저우에서 영국인 샤무엘 쇼와 일본 여성이 결혼합니다. 신랑은 무역선 선장 출신이었고, 신부는 오빠의 손에 이끌려 푸저우에 와서 살고 있던 몰락한 사무라이 집안 출신의 처녀였습니다. 푸저우는 청나라가 아편전쟁에서 영국에 패한 대가로 어쩔 수 없이 문을 열게 된 다섯 항구 가운데 한 군데였습니다. 쇼는 자기 부인을 동양인과 용모가 비슷한 스페인 사람으로 속이고, 특별한 일이 아니면 외출도 시키지 않을 정도로 엄격하게 단속했어요. 쇼 부부의 자녀들은 훗날 "성년이 될 때까지 어머니가 일본인이란 걸 전혀 알지 못했다"라는 놀라운 사실을 털어놓았습니다. 일본 사람과 결혼한 게 알려지면 영국인 교민 사회에서 '왕따' 신세를 면할 수 없었기 때문이죠.

지금이야 소설 같은 이야기로 들리겠지만 그 당시 중국 내 백인 사회에서 '미개한' 동양 여성과 결혼하는 일은 금기시되었습니다. 소설 『정글북』으로 잘 알려진 영국의 대문호 러디아드 키플링의 예를 들어보지요. 그는 1907년 영어권 작가로는 처음으로 노벨문학상을 받은 당대 최고의 지성으로 존경을 받는 인물이었지요. 그런 지식인조차도 "미개한 아시아, 아프리카인에게 문명의 혜택을 베푸는 것은 백인들의 짐이다"라며 인종적 우월감을 노골적으로 드러냈습니다. 그만큼 당시 영국 사회는 '백인 우월주의'가 지배하고 있던 때였어요.

샤무엘 쇼와 일본인 부인 사이에서는 모두 8명의 자녀가 태어났습니다. 그중 첫째가 바로 우리의 독립운동을 도운 조지 쇼였어요. 그는 청년 시절 한국 평안도 지역의 광산에서 회계원으로 일하며 한국과 첫 인연을 맺었고요, 32살에 일본인 사이토 후미와 결혼한 것입니다. 한국의 독립운동을 지원하던 조지 쇼는 1920년 일경에 체포되는데요, 당시 일본은 영국과 동맹 관계를 맺고 있었지만 그의 반일 활동이 워낙 눈에 거슬린 데다가 죄질도 가볍지 않았던 탓에 일본 측이 일을 강경하게 처리했던 거죠. 당연히 조지 쇼의 체포 사건은 영국과 일본 사이의 외교적 마찰로 번졌지요. 그때 쇼의 부인은 일본인이면서도 자기 나라 정부를 강하게 규탄하고 남편의 항일운동을 힘껏 도왔습니다. 사이토 후미는 일본 경찰의 '요시찰 대상' 리스트에 올라 감시를 받는 신세가 되었고, 일본에 있던 그녀의 가족들도 당국에 끌려가 심한 고초를 겪어야 했습니다. 결국 조지 쇼는 4개월 만에 풀려났지만 그 뒤로도 독립운동 지원을 멈추지 않았습니다.

독립유공자 조지 엘 쇼

조지 쇼의 일본인 부인 사이토 후미

그런데 그보다 더 눈길을 끄는 일이 있었어요. 쇼 집안의 할아버지 샤무엘과 아버지 조지에 이어 둘째 손자 루이스 쇼까지도 일본 여자와 결혼한 것입니다. 추측하건대 인종주의가 휩쓸던 그 당시 영국 사회에서 3대에 걸쳐 일본 여자와 결혼한 건 쇼의 집안이 유일하지 않을까 생각됩니다. 쇼 가문의 '국경 넘은 사랑'은 우리에게도 남다른 의미로 다가옵니다. 제국주의 침략과 그에 따른 백인 우월주의에 맞서 인류의 보편적 가치인 자유와 평등 정신을 쇼 가문 사람들은 거침없이 실천한 셈이니까요. 조지 쇼가 한국의 독립운동에 쏟은 열정 또한 같은 식민지 출신이라는 개인적 차원으로만 평가할 수는 없습니다. 그의 행동은 국적과 인종의 벽을 뛰어넘어 민족 해방을 지향하고 행동했다는 점에서 매우 뜻깊고 소중한 의미를 지니고 있지요.

'소설 속에 영화 속에 멋진 주인공은 아니지만'
…… ……

쇼의 가족사진(1890년). 왼쪽 2번째 일본인 모친에 기댄 이가 어린 조지 쇼

조지 쇼의 두 아들

한때 유행했던 '어머나'라는 노래 가사의 한 구절인데요, 3대에 걸친 쇼 남자들의 사랑 이야기는 소설이나 영화 속이었다면 멋져 보일 수 있겠지만 그들의 현실은 그렇게 녹록지 않았을 거로 보입니다. 개인의 자유와 사랑을 눌러대던 제국주의적 편견을 이겨낸 그들이었기에 한 약소민족의 해방을 헌신적으로 도울 수 있는 정의감을 지닐 수 있지 않았을까요. 제국주의가 짓누른 '국경 넘은 사랑'의 아픈 역사. 그 속에서 꽃피운 쇼 가문의 정신은 우리뿐 아니라 세계인의 가슴속에 영원히 기억되어야 합니다.

히든
스토리

'얼굴 없는 테러리스트' 추적기

2009년은 상하이 임시정부 수립 90주년이 되는 해였죠. 당시 임시정부기념사업회는 필자에게 90주년 특집 다큐멘터리 제작을 의뢰했는데요. 필자는 조지 쇼를 소재로 다뤄 보기로 마음먹었습니다. 우리 임시정부를 도운 '얼굴 없는 테러리스트'. 많은 역사학자와 기자, 작가들이 쇼의 행적을 추적했지만 번번이 실패로 돌아갔죠. 그래서 더욱 구미가 당기는 아이템이었습니다. 하지만 방송일은 다가오는데 막상 쇼의 행적을 찾는 작업은 벽에 부딪혀 지지부진한 상태였어요. 그러던 어느 날, 제작진 가운데 한 명이 어느 이벤트 회사 직원의 블로그에 나온 글을 가져왔습니다. 그 글은 외국인 독립운동가 후손 초청 행사로 영국인 베델의 후손을 따라 한국에 온 어느 할머니의 얘기를 행사 후기로 올려놓은 것이었어요. 그 할머니는 독립기념관 전시관에 조지 쇼의 이름이 적혀 있는 것을 보더니 "나도 아일랜드 사람인데 우리 먼 조상인 것 같다"라는 말을 했다고 합니다.

그 즉시 영국으로 건너가 할머니를 만났습니다. 그곳에서 추적의 단서를 찾게 되었지요. 그 할머니는 필자에게 '아일랜드인 후손 찾기'라는 사이트를 알려주었습니다. 아일랜드는 19세기 중반에 영국의 식민 지배와 대기근이 겹쳐 수백만 명이 먹고 살기 위해 고국을 떠나야 했기 때문에 그와 같은 '동포 찾기' 사이트가 있었던 거죠. 그 사이트를 샅샅이 뒤진 끝에 마침내 호주에 살고 있는 쇼의 손녀딸을 찾는 데 성공했습니다. 얼마 뒤에는 조지 쇼의 조카인 캐나다인 기자가 쇼 가문에 관해 쓴 책을 찾아내는 뜻밖의 성과도 거두었고요. 마침내 베일에 가려있던 쇼의 행적들이 다큐멘터리를 통해 하나둘씩 밝혀졌고 한국 정부는 쇼의 외손녀를 초청해 반세기 만에 훈장을 주인의 품에 돌려주게 되었어요. 결국 한 영국인 할머니가 무심코 말한 것이 실마리가 되어 한 외국인 독립운동가의 행적이 밝혀졌던 건데요. 그 일은 그때까지 아날로그만 고집하던 필자에게 인터넷의 위력을 다시금 일깨워 주는 계기가 되었답니다.

국가보훈처장이 조지 쇼의 손녀인 마조리 허칭스에게 50년 만에
건국훈장을 전달했다(2012.8.16). 조지 쇼는 1963년 건국훈장 독립
장에 추서됐지만 그동안 행적이 밝혀지지 않아 수여할 수 없었다.

한국과 중국의 '따로 또 같은' 장례식 · 한낙연

1947년 10월, 중국 서북부의 간쑤성 란저우에서 한 조선인 예술가의 장례식이 치러졌습니다. '중국의 피카소'로 불린 화가 한낙연 선생이 비행기 추락사고로 안타깝게 세상을 떠났지요. 많은 사람이 체제와 이념, 민족을 떠나 한 걸출한 예술가의 죽음을 애도했습니다. 그런데 이날 식장에서는 예사롭지 않은 장면이 연출되었습니다. 서로 원수가 되어 싸우고 있던 국민당과 공산당 고위 간부들이 대거 참석한 겁니다. 당시는 일본의 패망으로 제2차 국공합작을 끝낸 두 진영이 대륙의 통치권을 놓고 전면전을 벌이던 때였어요. 그런 상황에서 국공 양쪽의 수뇌부가 조선인 예술가의 추모식 자리에 함께한 거죠. 전쟁의 와중에 좌우 진영을 건너뛰어 적과 한자리에 모였다는 것은 정말 예사로운 일이 아니었습니다. 현지 언론에서도 극히 이례적인 '사건'으로 보도할 정도였고요. 우리에게는 매우 낯선 이름인 한낙연. 왜 그가 두 진영 모두에게 추앙받았으며 또 조국의 독립에는 어떤 역할을 했는지 궁금하지 않을 수 없습니다.

어릴 때부터 '미술 신동'으로 불린 한낙연(1898~1947) 선생은 간도의 조선인들이 3·1운동에 자극을 받아 일으킨 '3·13 만세시위'에 앞장섭니다. 시위 주동자로 지목된 그는 상하이로 피신했다가 프랑스로 건너가지요. 그곳에서 식당 잡부, 거리 화가로 지내며 미술학교를 졸업합니다. 선생은 유럽 각국을 돌며 10여 차례나 개인전을 열 정도로 화가로서 입지를 굳혀 나갑니다. 파리 생활 8년째 되던 1937년 중일전쟁이 터지자 한낙연 선생은 "나처럼 붓을 든 사람도 총을 들어야 할 때다"라고 마음먹습니다. 예술의 본고장에서 누리던 편안한 삶을 뒤로하고 피비린내 나는 전쟁터에 뛰어들기란 쉽지 않은 선택이었을 테지요. 중국으로 돌아온 뒤 그는 주은래가 이끄는 홍군 부대에서 정보 장교로 활동합니다. 그러다가 국민당 정보국에 간첩 혐의로 붙잡혀 3년 동안 감옥에 갇히는 시련을 겪게 되지요.

키질 석굴에 있는 한낙연 선생의 자화상과 그가 모사한 벽화. 오른쪽은 그가 파리 거리에서 작업하는 모습

총을 들고 최전선을 누비면서도 선생은 붓을 놓지 않았습니다. 가벼운 붓놀림만으로도 생동감을 불어 넣는 그의 화법은 당시 정적인 화풍에 머물던 중국 미술계에 큰 충격을 던졌어요. 중국의 저명한 학자 성

역사는 스토리다 / 독립영웅을 만든 장면 50

성이 "그는 가히 중국의 피카소로 불릴 만하다"라며 극찬할 정도였으니까요. 감옥에서 나온 뒤 한낙연 선생은 실크로드가 시작되는 중앙아시아의 란저우로 갑니다. 거기서 키질 석굴의 벽화를 발굴·보존하는 데 선구자적인 업적을 남기는데요. 그 무렵 유럽에서 원정 온 도굴꾼들이 석굴 곳곳의 고대 유물을 마구 파헤쳐 헐값에 팔아버리는 반문화적인 범죄 행위가 아무렇지도 않게 벌어지고 있었습니다. 그 광경을 목격한 선생은 "남은 삶을 비단길에 바치겠다"라고 결심합니다. 그는 국공 내전의 포화 속에서도 벽화 형체를 그대로 옮기는 모사(模寫) 작업을 멈추지 않았어요. 그러나 1947년, 작업을 마치고 집으로 돌아가던 선생은 비행기 추락사고로 파란만장한 삶을 마감하게 됩니다.

그의 삶에서 우리의 눈길을 끄는 것은 백범 김구와 만난 장면입니다. 2013년 9월, 중국 〈연변일보〉는 "1939년 충칭에서 열린 한낙연의 결혼식에 한국 임시정부의 김구 주석이 참석했다"라고 밝혔습니다. 같은 민족으로서 단순한 친분 관계였는지 아니면 정치적으로 연결된 사이였는지는 알려지지 않았습니다. 한낙연 선생은 1923년 초 상하이에서 열린 국민대표회의에 참여하고, 이듬해 2월에는 임시정부 경호대의 경호위원으로 활동했어요. 같은 시기에 같은 장소에 함께 있었다는 사실만으로 두 사람의 관계를 짐작해 볼 수밖에 없지요. 이념은 서로 달랐지만 어느 누구보다 철저한 항일 혁명가였던 두 사람. 그들의 인연은 우리 해방 정국 속에서 치러진 한 추모식 장면을 데자뷔처럼 떠올리게 합니다.

해방 이듬해인 1946년 7월 7일, 서울 효창공원에서 이봉창, 윤봉길, 백정기 삼의사의 국민장이 치러졌습니다. 일본에 묻혀있던 세 사람의 유해가 해방된 조국으로 돌아와 이곳에 안장되었지요. 행사장에는 5만 여 명의 군중이 몰려들었는데요. 그 가운데 공산당, 민전, 전평 등 좌익 정당과 단체의 주요 인사들도 눈에 띄었습니다. 삼의사 모두 김구 선생과 연계된 인물들이기 때문에 그들을 기리는 추모식은 '우익의 잔치'라고 할 수 있었어요. 그런데도 우익 진영뿐 아니라 좌익 계열의 인사들도 대거 참여했던 거죠. 좌우 합작을 열망하는 당시의 분위기를 엿볼 수 있는 장면이었습니다. 불과 4개월 전만 해도 3·1절 기념식을 양쪽 진영에서 따로 열어야 했거든요. 극심한 혼란기에 좌우가 대립을 멈추고 함께 추모 대열에 나선 것은 무척 의미 있는 일이었습니다.

중국과 한국에서 각각 펼쳐진 두 군데의 추모식 장면은 역사의 냉엄한 현실을 일깨워 줍니다. 일본이 패망하고 물러간 다음 두 나라 모두 좌우의 극한 대립 속에 내전을 치렀습니다. 한때는 좌우 합작을 하면서 통합을 꿈꾸기도 했지요. 그러나 결국 갈라져 서로에게 총부리를 겨

효창원에서 열린 삼의사 유해 안장식 장면. 백범은 삼의사 묘단에 친필로 '遺芳百世(꽃 다운 향기여 영원하라!)'라는 휘호를 남겼다.

뉘야 하는 운명을 맞게 되었지만요. 지금도 두 나라가 놓인 상황은 그때와 마찬가지로 변함이 없습니다. 나라는 다르지만 같은 모습의 '따로 또 같은' 역사가 여전히 변함없이 계속되고 있는 셈이지요.

언제쯤이면 남과 북, 그리고 중국과 대만의 양안(兩岸) 관계가 예전의 모습으로 돌아갈까요. 70여 년 전 추모식에서 좌우가 어깨를 나란히 한 그때의 정신을 되새겨 하루빨리 동북아시아 지역에 평화의 디딤돌이 놓이기를 기대합니다.

중국 용정의 낙연 공원에 있는 3층 누각

들어는 봤나? 독립혹 이야기 · 김규식

우사 김규식 선생

1919년 3월 13일, 김규식(1881~1950) 선생이 파리강화회의에서 한국의 독립을 청원하기 위해 프랑스에 도착했습니다. 선생은 파리 샤또덩 거리 38번지에 거처를 정하고 조국의 억울한 처지를 국제사회에 알리려고 온 힘을 다 쏟아부었는데요. 그 결과 아주 놀라운 성과를 이뤄냈습니다. 일제의 훼방으로 파리강화회의 참석은 거부당했지만, 국제사회당대회에서 한국 독립안을 승인받았고 영국에 한국친우회를 결성했어요. 교황 베네딕토 15세로부터 '핍박받는 한국인들이 하루빨리 해방되기를 바란다'라는 지지 서한도 받아냈고요. 더구나 1919년 3월부터 이듬해 10월까지 유럽 여러 나라의 신문에 한국 관련 기사가 무려 518회나 실릴 정도의 활동을 펼쳤습니다. 그 무렵 파리위원부의 모습을 담은 글에는 "숙소에는 전등이 없어서 촛불을 켜놓고 밤을 새워가며 편지를 쓰고, 전보를 치고, 신문사를 찾아다녔다"라고 적혀 있습니다. 그만큼 김규식 선생과 우리 애국지사들은 피눈물 나는 노력을 기울여 한국에 대한 뜨거운 관심을 불러일으키는 데 성공했던 것이지요.

역사는 스토리다 / 독립영웅을 만든 장면 50

파리에서 기대를 뛰어넘는 커다란 외교적 성과를 올린 김규식 선생은 1919년 8월 미국 워싱턴으로 향합니다. 임시정부 구미위원장에 임명되어 잠시 쉴 틈도 없이 독립운동을 위한 자금 마련에 매달리게 되지요. 그는 미국 동포들을 대상으로 공채를 발행하고 의연금을 거두는 활동을 펼쳐 1년 만에 무려 7만 달러가 넘는 엄청난 자금을 마련합니다. 하지만 몸을 돌보지 못하고 무리하게 활동을 벌인 탓이었는지 안타깝게도 선생은 뇌종양 판정을 받습니다. 워싱턴 병원에서 머리뼈 왼쪽을 파헤치는 대수술을 받았는데, 당시로써는 대단히 위험한 수술이었다고 합니다. 다행히 수술은 성공적이었지만 머리뼈를 절단한 부분에 혹이 생겨났어요. 그 혹 때문에 선생은 '우사(尤±)', 곧 혹이 있는 선비라는 별명을 얻게 되는데요, 김규식 선생은 이를 받아들여 '우사(尤史)'를 호로 사용합니다. 그와 가까운 사람들은 그 혹을 독립운동을 하다가 생겨난 것이라 하여 '독립혹'이라고 불렀습니다.

　수술 후에 의사는 당분간 요양하며 쉴 것을 권유했지만 그는 "고국에서는 동포들이 매일 고통을 겪고 있는데 어찌 태평스럽게 쉴 수 있겠는가"라며 요양하는 것을 거절합니다. 수술 후 잠시 몸을 돌보는 시간도 허락할 수 없을 만큼 국내 상황이 안 좋았던 걸까요? 선생은 그렇게 한가하게 휴양이나 하면서 시간을 보낼 수 있는 처지가 아니라고 생각한 거죠. 3·1운동 후 문화통치의 탈을 쓴 일제는 한반도 영구 지배를 꾸몄고, 상하이 임시정부는 내분에 휩싸여 한 치 앞도 내다볼 수 없는 어지러운 상황이었거든요. 1920년 10월 선생은 미국을 떠나 또다시 상하이행 배에 오릅니다. 조국을 잃은 이 망명객은 몸을 제대로 추스르지도 못한 채 또다시 고난의 길을 갈 수밖에 없었지요.

  김규식 선생의 건강이 좋지 않은 이유를 찾으려면 어린 시절로 거슬러 올라가야 합니다. 구한말 개항장에서 일했던 선생의 부친은 일본 상인들의 횡포를 비판하는 상소를 올렸으나 그것이 빌미가 되어 오히려 귀양을 가게 됩니다. 얼마 뒤에는 어머니마저 세상을 떠나 겨우 6살에 고아 아닌 고아가 되었지요. 그 후 선생은 큰아버지 집에 맡겨졌어요. 하지만 집안 형편이 어려워 헐벗고 굶주림에 시달렸다고 합니다. 하루는 영양실조와 열병에 걸려 죽기 직전까지 가게 되자 친지들이 선생을 뒷방에 눕히고 병풍을 쳐놓았다고 해요. 아이가 곧 죽을 것으로 생각했기 때문이지요. 훗날 선생을 구해내 보살핀 언더우드 박사는 "아이가 먹을 것을 달라면서 벽에 붙은 종이를 뜯어 먹겠다고 몸부림쳤다"라며 당시의 눈물겹도록 참혹한 상황을 기억했습니다.

호러스 그랜트 언더우드 박사

  어린 시절 제대로 먹지 못해서인지 선생은 평생 건강에 문제가 많았습니다. 오랫동안 만성 위장병을 앓아 외식은 엄두도 내지 못하고 죽을 싸 들고 다닐 정도였고요, 뇌종양 수술 후에는 20여 년 동안 간질병 등 여러 가지 후유증에 시달리게 됩니다. 그는 평소에 "나에게 무슨 병이 있냐고 묻지 말고 없는 병이 무엇이냐고 물어라"라는 말을 하고 다녔다고 해요. 한마디로 '걸어 다니는 종합병원'이었던 셈이죠. 오죽했으면 광복 후 미군정청이 선생의 이름을 아프다는 뜻의 'sick'자를 써서 'Kim Kiu Sickly'라고 표기했을까요. 이처럼 성한 구석이라곤 없는 몸을 이끌면서도 김규식 선생은 임시정부 부주석을 지내며 독립 전선의 맨 앞에 섰고, 광복 후에는 이념과 노선을 초월해 좌우합작과 남북통합에 힘썼습니다. 1950년 한국전쟁이 일어나자 선생은 서울에 남아 있다가 북으로 끌려갔는데요. 그해 12월 10일 심한 동상과 천식에 걸려 숨을 거두고 말았습니다.

독립운동을 하다 보면 정신적, 육체적으로 엄청난 고통이 따르고 경제적으로도 극심한 생활고에 시달릴 수밖에 없었지요. 독립운동은 무엇보다도 강인한 체력이 요구되는 '극한 직업'이기도 했습니다. 김규식 선생은 비참한 성장 과정 탓에 허약한 체질을 지닌 데다가 큰 수술까지 받아 어느 한군데 온전한 데가 없는 만신창이 상태였어요. 그럼에도 그는 30년 넘도록 아시아, 유럽, 미주 대륙을 오가며 민족해방운동

임시정부 파리위원부 시절 김규식 선생 (맨 앞줄 오른쪽)

왼쪽부터 김규식, 이승만, 송헌주. 미국에서 외교활동에 전념하던 시절

에 앞장섰습니다. 선생은 모든 것이 부족하고 두려운 가운데 큰일을 이루어냈습니다. 그것도 가장 필요한 건강이 절망적인 상황에서 그랬지요. 우리가 선생의 이름 앞에 '우사'라는 호를 부르거나 '독립혹'에 얽힌 사연을 기억한다면 고단했던 선생의 삶에 조금의 위안이 될지도 모르겠습니다.

지켜주지 못한 영웅들, 그들의 닮은 삶

• 김구, 아웅 산, 콜린스

    우리나라의 독립운동 역사를 이야기할 때 가장 먼저 떠오르는 인물은 누구일까요? 많은 사람이 다부진 체격, 강인한 인상의 독립운동가, 백범 김구를 떠올릴 겁니다. 3·1운동 후 상하이로 망명한 백범은 임시정부 경무국장, 국무령, 주석을 지내며 독립운동사에 큰 발자취를 남겼지요. 이와 마찬가지로 제국주의 침략으로 식민 지배에 놓였던 다른 나라에서도 처절한 항쟁의 역사를 써 내려간 지도자들이 있었습니다. 미얀마와 아일랜드는 영국의 식민 지배를 겪었는데요. 두 나라에서 독립을 이끌어 낸 대표적인 인물은 아웅 산(1915~1947)과 마이클 콜린스(1890~1922)입니다. 나라는 서로 달랐지만 세 사람이 처한 시대적 상황이 비슷했기 때문이었을까요? 백범과 아웅 산, 콜린스는 여러 면에서 매우 닮은 삶을 살았습니다.

백범 김구

    아웅 산과 마이클 콜린스는 똑같이 식민지 시대의 엘리트로서 '반영

(反英)' 무력항쟁의 지도자였습니다. 두 사람 모두 부유한 가정에서 자라
면서 엘리트 교육을 받았고, 독립군을 조직해 무장항쟁을 펼친 공통점
이 있지요. 또 런던으로 건너가 당시 영국 총리와 협상을 벌여 독립을
이끌어낸 점도 닮았습니다. 영국과 독립 협정을 맺은 지 얼마 지나지
않아 반대파에게 암살된 운명도 똑같습니다. 게다가 우연의 일치인지
는 몰라도 두 사람 모두 32살에 삶을 마감한 사실은 흥미를 더하게 만
드는 대목입니다.

아웅 산

미얀마와 아일랜드 두 나라에
대한 영국의 식민통치 방식도 비
슷했습니다. 영국은 불교국가인 미
얀마에 기독교를 끌어들여 종교
갈등을 일으켰어요. 또 인도의 무
슬림인 로힝야족을 준(準) 지배계층
으로 활용해 미얀마 국민들의 분노를 사기도 합니다. 또 영국은 가톨
릭 신도가 대다수인 아일랜드에 기독교를 전파시켜 분열 정책을 펼칩니
다. 1921년 마이클 콜린스는 영국과 벌인 자치권 협상에서 기독교도가
많은 북아일랜드 6개 주를 영국령으로 남기자는 제안을 받아들이지
요. 아일랜드 독립운동 단체인 IRA의 강경파는 이를 반역 행위로 여기
고 이듬해 8월 콜린스를 살해했어요. IRA는 그가 창설한 무장 조직이
었습니다. 결과적으로 콜린스는 자기 무덤을 스스로 판 셈이 되었지요.
아웅 산도 영국과 독립 회담을 마무리 짓고 기독교도가 많은 소수민족
들과 통합 협상을 진행하다가 암살되고 말았고요.

아웅 산과 콜린스의 암살 사건을 보면서 우리는 그들의 삶과 데자뷔처럼 반복되는 한 인물을 떠올리게 됩니다. 바로 백범 김구 선생인데요, 백범도 윤봉길이나 이봉창 의사가 목숨을 걸고 결행한 한인애국단의 거사를 지휘하고 광복군을 조직했습니다. 백범은 아웅 산이나 콜린스와 마찬가지로 무력항쟁

마이클 존 콜린스

노선을 일관되게 추구했지요. 나라를 되찾았지만 동족에 의해 암살당한 점도 두 사람과 같고요. 세 사람 모두 식민 지배가 남긴 분열을 극복하고 통합을 이루려던 길목에서 희생되었기에 안타까움이 더욱 크게 느껴집니다.

식민 지배를 경험한 많은 나라들이 오늘날 암울한 역사의 후유증에 시달리고 있습니다. 인도와 아일랜드, 한국은 분단국가가 되었고 스리랑카와 필리핀, 인도네시아, 미얀마는 아직도 내전과 군사 쿠데타에 휘말려 있지요. 종교·민족·이념 등 갈등의 원인은 각기 다르지만 식민 지배의 폐해가 청산되지 못한 결과란 점은 분명합니다. 아웅 산 피살 이후 미얀마는 극심한 종교적, 민족적 분규를 겪어왔고, 지금도 군부 쿠데타 때문에 온 나라가 소용돌이치고 있습니다. 북아일랜드를 영국에 넘겨주고 독립한 아일랜드 역시 테러와 보복의 악순환으로 지난 30여 년 동안 3천 명이 넘는 사람들이 목숨을 잃었고요. 독립 후 남북이 분단된 우리도 전쟁과 군부 독재를 거쳤고, 보수와 진보 세력의 극한 대

립 구도는 현재진행형입니다. 이 모든 것이 참혹한 피식민의 역사가 할 퀴고 지나간 후유증이 아닐는지요.

　역사에는 가정법이 없다고 하지요. 그러나 이런 생각을 해봅니다. 만약 김구, 아웅 산, 콜린스 세 사람이 암살되지 않고 독립된 조국을 이끌었다면 어떤 역사가 쓰였을까요. 그들이 꿈꾸었던 '진정한 해방'을 맞이했을까요? 영국과 독립 협약을 체결하고 귀국한 아웅 산은 한 라디오방송에서 이렇게 말했어요. "해방은 줄 수 있는 게 아니다. 받을 수 있는 힘이 있을 때라야 진정한 의미의 해방을 누릴 수 있다." 힘들게 독립은 이루었지만 안타깝게도 한국, 미얀마, 아일랜드 세 나라 모두 '온전한 해방'을 받아들일 힘이 없었습니다. 민족의 해방에 온몸을 던진 지도자들이었건만 국민들은 단결하여 그들을 지켜주지 못했지요. 제국주의가 뿌린 분열과 갈등이라는 '악의 씨앗'은 세 남자의 운명과 그들이 꿈꾸었던 세상을 송두리째 앗아갔습니다.

　내 나라의 운명을 남의 손에 맡길 수는 없습니다. 내 가정을 다른 사람 손에 맡기는 사람은 이미 그 가정을 가정이라 부를 자격이 없는 것과 마찬가지겠지요. 김구와 아웅 산 그리고 콜린스의 조국뿐만 아니라 이 세상의 어떤 민족에게도 해방된 나라는 그들의 가장 소중한 가치입니다. 자기의 행복과 자기의 자유를 자기 스스로 결정할 수 있는 권리와 책임이 있다는 것을 그들 세 사람은 시공을 초월하여 보여주고 있습니다. 그러나 힘이 없는 독립은 그것을 지켜내기가 너무 어렵고, 의지와 책임 그리고 희생이 따르지 않는다면 '진정한 해방'은 결코 손에 닿을 수 없는 곳에 있다는 사실 또한 세 사람의 삶은 우리에게 일깨워 줍니다.

두 개의 암살 사건, 그 후

영국으로부터 미얀마의 독립을 이끌어낸 아웅 산 장군은 국가 재건 준비에 한창이던 어느 날 군부 내 반대파의 총탄에 쓰러지고 맙니다. 그날이 1947년 7월 19일. 같은 날 한반도에서는 광복 후 좌우합작을 통한 통일 국가를 세우려던 몽양 여운형 선생이 암살당합니다. 같은 꿈을 펼치던 두 나라의 지도자가 같은 날 서로 다른 공간에서 유명을 달리 한 셈입니다. 두 사람의 암살 배후 역시 지금까지도 밝혀지지 않고 있지요.

아웅 산 장군이 암살된 뒤 미얀마는 민족 분규로 인한 내전을 겪다가 1962년 네윈 장군의 쿠데타로 군부독재 시대를 열게 됩니다. 한국에서도 좌우합작이 결렬되고 남과 북의 내전을 거쳐 1961년 군부 쿠데타로 군사정권이 출범했고요. 같은 날 벌어진 두 암살 사건은 그 후 두 나라를 너무나 비슷한 운명으로 몰아넣는 결과로 이어졌던 겁니다. 두 사건이 단순한 우연이었는지 아니면 필연적이었는지는 알 수 없는 일이지만 때때로 역사는 이처럼 잔인한 결과를 초래하기도 하는 모양입니다.

서울 혜화동 로터리에서 한지근 등에 의해 암살당한 여운형 선생

안중근 배우기에 '열공'한 인도 청년들

• 안중근

  다른 나라의 식민 역사를 살피다 보면 데자뷔처럼 반복되는 듯한 사건들과 마주하게 됩니다. 그 속에는 우리 역사의 어느 대목을 연상시키는 사건들이 들어있기 때문이지요. 인도는 지리적 위치나 문화적 배경으로 볼 때 우리와 닮은 점이 그리 많지는 않지만, 희한하게도 영국의 지배에서 벗어나 해방을 맞은 날이 8월 15일로 똑같습니다. 또 1947년 독립을 이룬 후, 분단의 시련을 겪은 것과 서로 전쟁을 치른 것까지 닮았고요. 거기에다 독립을 쟁취하기 위해 끊임없이 저항한 사실도 공통점으로 빼놓을 수 없습니다. 인도 건국의 아버지로 불리는 마하트마 간디는 반식민 항쟁사를 모조리 빨아들이는 거대한 '블랙홀'과 같은 존재였습니다. 그렇다 보니 간디가 이끈 비폭력 운동 외에 인도의 다른 투쟁 방식은 우리에게 잘 알려지지 않았어요. 하지만 워낙 큰 땅덩어리에 인구도 많고 오랜 식민 역사를 지녔기 때문에 인도에서는 실제로 꽤 많은 무력항쟁이 펼쳐졌습니다.

  인도의 무력항쟁사에서 특히 우리의 눈길을 끄는 대목이 한 군데 있습니다. 1907년 러시아 하얼빈에서 일어난 안중근 의사의 거사 과정을 기록해 놓은 부분인데요. 한국과 교류가 거의 없던 인도가 우리의 항일운동에 관심을 보인 이유는 무엇이었을까요? 먼저 그 당시 국제 정세를 살펴보도록 하죠. 안중근 의사가 "꼬레아 우레(한국 만세)"를 외치며 침략의 원흉인 이토 히로부미를 사살한 소식은 삽시간에 전 세계에 알려집니다. 인도에도 큰 충격을 주지요. 인도 민족주의자들은 안 의사의 이토 처단 소식에 뜨겁게 환호합니다. 불과 2년 전까지만 해도 그들은 러일전쟁에서 승리한 일본을 찬양했어요. 같은 아시아 국가가 서구 제국을 물리쳤다는 사실이 너무나 통쾌했던 거죠. 이번에는 그와 반대로 일본의 거물 정치인이 피살된 사건에 열광했습니다. 왜 일본에 대한 인도 사람들의 태도가 갑자기 바뀌었을까요? 러일전쟁이 끝나고 일본이 영국과 제2차 영일동맹을 맺었기 때문입니다. 그 조약 속에 일본이 영국의 인도 지배를 지지한다는 내용이 들어있었거든요.

20세기에 들어 인도에서는 영국인을 노린 암살 사건들이 '붐'을 이뤘습니다. 벵골주에서만 총독, 부지사, 치안판사들을 저격한 사건이 30여 차례나 일어날 정도였지요. 비밀결사 조직을 이끄는 한 지도자는 "우리나라 안에 있는 영국인의 숫자는 15만 명을 넘지 못한다. 만약 우리가 마음만 굳게 먹는다면 단 하루 만에도 식민 지배를 끝낼 수 있다"라며 무력항쟁에 나설 것을 촉구했어요. 그러고는 "내 목숨을 내던져라. 그러나 그보다 먼저 다른 사람의 목숨을 없애라"라며 요인 암살을 부추겼습니다. 이런 가운데 하얼빈에서 안중근의 거사 소식이 날아들었던 거죠. 『인도 무력항쟁의 르네상스』라는 책에는 '안중근 사건에 고무된 힌두 민족주의 청년들은 이토 남작이 살해된 과정을 철저히 연구했다.

이를 통해 자신들의 행위가 정당하다는 사실을 깨닫게 되었다'라고 적혀 있습니다. 인도의 법률가이자 역사학자인 상카 고스가 안중근 의거의 의미를 평가한 대목입니다.

안중근 의사와 오른쪽은 1910년 3월 안 의사가 뤼순 형무소에서 일본 간수들이 지켜보는 가운데 조제프 빌렘 신부와 면회하는 모습

하얼빈 조선족예술관에 있는 안중근 의사가 이토 히로부미를 사살하는 장면의 그림

　이토 암살 사건은 인도의 무장항쟁가들에게 요인 암살이 충분히 성공을 거둘 수 있다는 자신감을 심어주었습니다. 당시 인도에서는 수없이 많은 암살 시도가 있었지만 대부분 실패로 돌아갔습니다. 책 가운데를 도려내고 폭탄을 집어넣었는데 불발되거나 권총으로 저격했지만 가벼운 상처만 입히고 현장에서 체포되고 마는 일이 많았어요. 또 영국인 판사가 탄 마차에 폭탄을 던졌으나 엉뚱한 사람들이 희생된 경우도 있었고요. 암살 사건은 주로 10대 소년들이 비밀결사 조직의 지령에 따라 일으켰습니다. 나이 어린 단원들에게는 애국심만 충만했을 뿐 뚜렷한 행동 철학이 없었습니다. 또 자신들의 행위를 뒷받침할 논리적 사고도 갖추지 못했지요. 안중근 의거를 철저히 연구하면서 그들은 요인 암살에 대한 자신감과 함께 정당성을 분명히 깨우칠 수 있었습니다.

안중근 의사는 그들에게 제국주의자를 처단하는 행동의 당위성과 활동 방향을 제시하는 '가정교사' 역할을 한 셈이죠.

　인도의 무장투쟁은 1915년 남아공에서 귀국한 간디가 '사티아그라하'라는 비폭력 운동을 펼치면서 차츰 사그라들었습니다. 비폭력 저항운동이 독립 투쟁의 주류로 자리를 잡으면서 무력항쟁은 역사 속으로 사라졌습니다. 인도가 한국 독립운동에 관심을 보인 것은 타고르의 시 '동방의 등불, 코리아', 그리고 네루가 그의 딸에게 보낸 편지에서 '3·1운동의 여성 참여와 일제의 폭압'을 강조한 내용 정도입니다. 안중근 의거가 인도 젊은이들의 열렬한 환호를 받았고 나아가 인도 독립운동에 영향을 미친 사실은 우리에게 거의 알려져 있지 않습니다. 하지만 제국주의 침략 시기에 3억 인도인들의 가슴을 뜨겁게 달군 안중근 의사를 인도 역사는 분명하게 기억하고 있습니다.

인도에서 영국 군인을 사살한 차페카 형제의 동상과 이 사건을 소재로 2016년 개봉된 영화 포스터. 최근 인도에서는 의열항쟁을 소재로 한 영화 제작이 많이 이뤄지고 있다.

'사랑과 혁명의 레시피'를 아시나요?

20세기 초 인도의 청년 전사들이 총 쏘고 폭탄을 던지기만 한 건 아닙니다. 그들 가운데 한 명이 인도식 카레를 일본에 전파한 사실은 매우 흥미롭습니다. 본래 인도 전통요리인 카레는 식민지 시절에 영국으로 전파되었고 일본에는 메이지 시대에 서양문물의 하나로 영국산 카레가 들어와 있었습니다. 1912년 벵골 출신인 비하리 보세 (1886~1945)는 영국인 총독을 암살하려다가 실패하고 일본으로 망명합니다. 그는 일본 우익 세력의 도움으로 도쿄 신주쿠에 있는 나카무라야 식당에 숨어 지내지요.

마땅히 할 일도 없이 빈둥거리던 보세는 어느 날 식당 주인에게 정통 인도식 카레를 만들어 보겠노라고 제안합니다. 주인은 그의 제안을 받아들였어요. 그리고 그는 영국을 경유한 서양식 카레가 아닌 뼈있는 치킨에 향신료를 뿌린 벵골식 카레를 만들었는데요. 그 맛을 본 식당 주인은 인도식 카레를 식당의 주된 메뉴로 정했고, 얼마 후 보세는 주인 딸과 결혼까지 하게 되었습니다.

나카무라야 식당은 백 년이 넘은 지금도 영업을 계속하고 있고 일본 최고의 외식기업 가운데 하나로 성장했습니다. 보세와 주인집 딸의 사연이 담긴 '사랑과 혁명의 맛' 레시피는 그 식당의 가장 유명한 음식이고요. 제국주의 침략에 맞선 무장항쟁으로 점철된 아시아 독립운동사에는 이렇게 '맛있는' 이야기도 숨어 있답니다.

비하리 보세와 부인 토시코. 오른쪽은 도쿄 나카무라야 식당과 순 인도식 카레

역사는 스토리다 / 독립영웅을 만든 장면 50

'이놈도 치고 저놈도 쳐서' 만든 학교 · 최재형

　서울 종로구에 있는 교동초등학교는 우리나라 최초의 근대식 초등교육 기관입니다. 1894년 9월 왕실 자제들을 위한 관립 교동소학교로 문을 열었는데요. 이듬해 소학교령이 공포되고 서울과 지방에 잇따라 학교가 세워지면서 일반 아이들도 신식교육을 받게 되었습니다. 1895년이 되어서야 우리나라에서 어린이들을 위한 본격적인 근대교육이 시작된 것이죠. 그런데 이보다 몇 년 앞서서 러시아 연해주에 살고 있는 한인들이 소학교를 지어 어린아이들을 가르쳤다는 기록이 있습니다. 굶주림을 견디다 못해 조국을 뒤로 한 채 두만강을 건너간 농민들이 어떻게 본국보다 먼저 신식학교를 세웠던 걸까요?

　1869년 함경도 지역에 대흉년이 닥쳐 굶주림에 견디다 못한 수많은 농민들이 러시아로 건너갔습니다. 한인 이주민들이 대거 몰려오자 러시아 당국은 행정기관을 두고 이들을 관리하기 시작하는데요. 두만강 너머에 있는 한인 마을 몇 개를 합쳐서 '연추읍'으로 정하고 자치제를 허용합니다. 1893년에는 러시아 최초로 한인이 읍장에 해당하는 '도헌 (都憲)'으로 선출됩니다. 그는 한인 사회에서 두터운 신뢰를 얻고 있던 최재형(1860~1920) 선생이었습니다. 도헌에 오른 선생이 가장 많은 신경을 쓴 것이 바로 한인 자녀들을 위한 교육 사업이었어요. 선생은 도헌이되기 2년 전에 이미 개인 재산을 들여 러시아식 한인 학교를 세우기도 했습니다.

독립운동가 최재형 선생   러시아 이주 한인 농민의 자녀들

본국인 조선에서 교동소학교가 설립된 해보다 3년이나 앞선 셈인데요. 선생은 학교 건물 외에도 교사들과 러시아정교회 사제들을 위한숙소도 지었어요. 1894년에 연추를 방문한 영국 여행가 이사벨라 비숍(Isabella Bird Bishop) 여사는 자신의 여행기에 '이곳에는 깔끔한 학교가있다. 여기에서는 러시아와 한국 아이들이 서로 섞여 앉아서 수업을듣는다'라고 적었습니다. 또 마을에서 만난 한 러시아 사제가 한인들에대해 "그들은 아직도 배울 것이 많다. 우리는 그들보다는 그들의 후손들에게 더 많은 희망을 걸고 있다"라고 한 말도 덧붙였습니다.

도헌이 된 첫해부터 최재형 선생은 "마을마다 러시아정교회와 한인소학교가 하나씩은 있어야 한다"라고 강조합니다. 선생은 한인들이 거주하는 마을마다 학교를 만드는 매우 의미 있고 힘든 일을 추진하지만, 자신의 재산과 읍에 배정된 예산만으로는 턱없이 부족했어요. 그래서 선생은 아이들이 학교에 다니면서 배우는 게 얼마나 중요한 일인지를 동포 한 사람 한 사람 일일이 찾아다니면서 도움을 청합니다. 다행히 선생의 뜻에 호응하는 한인들이 하나둘씩 늘어났는데요. 마침내 1890년대 말에 이르러서는 연해주 지역의 한인 마을에 무려 32개의 소학교가 생기게 됩니다. 꿈같은 일이 현실이 된 것이죠. 선생이 세운 최초의 한인 소학교는 1899년 하바롭스크에서 열린 교육박람회에서 '연해주 최우수 소학교'로 뽑히기도 했어요.

당시 그가 얼마나 학교 설립에 힘을 쏟았는지를 보여주는 재미있는 이야기가 전해지는데요. 연해주 지역에서 선생과 같이 활동하던 한 독립운동가는 '최재형이 학교 운영을 방해하는 자들과 선생 짓을 못해 먹겠다며 불평만 늘어놓는 교사도 때려주어서 "이놈을 치고 저놈을 쳐서 학교를 유지했다"라는 전설이 널리 유행했다'라는 기록을 남기기도 했습니다.

한인 소학교의 졸업생들 가운데 많은 이들이 상급학교에 진학했고, 또 이들 가운데 몇몇은 학교를 마치고 모교의 교사로 활동했습니다. 교육의 '선순환' 구조가 만들어져 한인들의 교육 수준을 크게 끌어올릴 수 있게 되었지요. 이뿐만 아닙니다. 도헌 시절, 선생은 자신의 봉급 3천 원을 모두 은행에 맡겨놓고 그 이자로 한인 학생들을 페테르부르크 등 러시아 주요 도시로 유학을 보냈습니다. 선생의 장학금으로 사범학교나 사관학교에서 고등교육을 받은 40여 명의 청년들은 훗날 한인 사회의 지도자들로 성장했어요. 1930년대에 접어들면서 많은 러시아 한인들이 스탈린 정권에 의해 처형당하는 일이 벌어졌습니다. 살아남은 사람들도 대부분 '동토의 땅' 중앙아시아의 여러 지역으로 강제 이주를 당하는 설움을 겪었지요. 하지만 그들은 끝끝내 무너지지 않고 일어나서 지금은 그곳에서 가장 성공한 소수민족으로 자리 잡았습니다. 그 모든 것이 최재형 선생이 일궈낸 교육의 힘 때문 아닐까요.

2019년 러시아 우수리스크에 세워진 '최재형 기념비'

호사다마(好事多魔).

좋은 일에는 반드시 나쁜 일이 끼어들기 마련이지요. 옳고 반듯한 일을 하는데도 협조는커녕 뒤에서 온갖 훼방과 손가락질을 해대면서 일이 그르쳐지기를 바라는 사람들은 이 세상 어디에도 있습니다. 최재형 선생은 그런 사람들을 휘어잡으며 척박한 땅에 배움의 꽃을 활짝 피웠습니다. 민족의 빛나는 내일을 위해 모든 고난을 견뎌냈던 것입니다. 지금도 러시아와 중앙아시아의 고려인들이 가장 존경하는 인물로 주저 없이 선생을 꼽는 이유가 바로 여기에 있다고 생각합니다.

'허가받은 흡혈귀'의 나라, 조선의 두 백성

이사벨라 버드 비숍
(1831~1904)

19세기 말 조선을 찾은 많은 외국인들은 조선 백성들을 가장 열등하고 가망이 없는 민족으로 묘사했습니다. 1894년부터 조선 곳곳을 여행하기 시작한 영국인 이사벨라 비숍의 눈에 비친 조선도 거기서 크게 벗어나지 않았지요. 그는 조선 사람에 대해 "의심이 많고 나태하며 자기보다 나은 사람에 대한 노예 근성을 갖고 있다"라고 평가했습니다. 그런데 만주를 거쳐 러시아에 있는 한인 마을들을 방문하면서 그는 놀라운 광경을 목격합니다.

그의 저서 『한국과 그 이웃나라들』에는 '이곳에서 조선인들은 번창하는 부농이 됐고, 훌륭한 행실을 하고 우수한 성품을 가진 사람들로 변해갔다. 이들 역시 조선에 있었으면 똑같이 근면하지 않고 절약하지 않았을 것이다'라고 적혀 있는데요, 비숍은 그곳에서 러시아인이나 중국인보다 부유하고 적극적인 삶을 살아가는 '너무나 다른' 조선인을 발견한 겁니다.

그는 백성들 위에 군림하는 '허가받은 흡혈귀' 양반들이 조선을 망쳤다는 결론을 내렸죠. 비숍은 "조선에 남아 있는 민중들이 정직한 정부 밑에서 그들의 생계를 보호받을 수만 있다면 천천히 진정한 의미의 '시민'으로 발전할 수 있을 것이라는 믿음을 내게 주었다."라며 조선인의 저력을 꿰뚫어 보았습니다. 세계 최고의 권위를 지닌 영국 왕립지리학회의 첫 여성 회원이자 저명한 작가로서 빅토리아 시대 여성들의 우상이었던 그는 이 책으로 큰 성공을 거두었고 그 당시 유럽인들에게 조선에 대한 그릇된 생각을 바꿔 놓았습니다.

이사벨라 비숍 여사가 1894년부터 1897년까지 4차례에 걸쳐 한국을 방문한 경험을 기록한 책 『한국과 그 이웃나라들』

Independence Movement Da

제3부

—

애국지사 '스토리 평전'

애국지사 '스토리 평전'

의병전쟁의 선봉장
이강년

박약재 기왓장에 숨은 비밀

우리나라에는 많은 기록유산이 있습니다. 기록유산은 당대의 역사적 상황에 대해 정확한 자료를 지니고 있다는 점에서 중요한 의미가 있지요. 현재 우리에게는 역대 왕조에서 발간했거나 개인이 펴낸 다양한 자료가 남아 있어서 한국은 '기록의 나라'라는 얘기를 듣기도 합니다. 조선 왕조 472년간의 역사를 담은『조선왕조실록』과 1377년에 인쇄돼 세계에서 가장 오래된 금속 활자로 인정받은『직지심체요절』은 대표적인 기록유산물로 손꼽힙니다. 또 허준이 집대성한 의학책인『동의보감』, 이순신 장군이 임진왜란 때 쓴『난중일기』도 우리의 자랑스러운 기록유산이지요. 일제에 탄압을 받고 있을 때에도 우리의 기록 정신은 멈추지 않았어요. 그 가운데에서 언제 들어도 흥미로운 이야기 하나를 소개합니다.

광복이 되고 수십 년이 지난 후, 충청북도 제천에 있는 박약재(博約齋)에서 보수 공사를 하다가 낡은 기왓장 속에서 오래된 책 한 권이 세상에 나왔습니다. 박약재는 진주 강씨 문중에서 자녀 교육을 목적으로 세운 강당인데요. 그곳에서 발견된 책은 운강 이강년(1858~1908)의 병장과 의병 부대의 활동을 담은『창의사실기(倡義事實記)』였어요. 여러분

궁금하지 않으세요? 어떻게 기왓장 속에서 책이 나왔을까요? 그 책이
오랜 세월 동안 기왓장에 감춰져 있었던 이유는 또 무엇이었을까요?

충북 제천시 두학동에 있는 박약재 전경　　　운강 선생 유고 3책 『창의사실기』

　　먼저 『창의사실기』가 어떤 책인지부터 살펴볼게요. 이 책이 만들어진
시기는 1910년대, 일제강점기 때였어요. 이강년 의병장이 일제에 붙잡
혀 처형당한 뒤 그와 함께 활동했던 의병들은 나라를 위해 목숨을 바
친 숭고한 정신을 세상에 전해야 한다는 데 뜻을 모았습니다. 그래서
그의 의병 활동 기록을 정리하기로 했습니다. 이강년 의병장이 평소 일
기 형식으로 글을 써 놓은 것을 알고 있던 동지들은 가족들에게 자료
를 모아 달라고 부탁했어요. 이미 많은 자료가 없어진 상황이었지만,
유족들은 몰래 숨겨놓았던 자료들을 의병 동지들에게 넘겨주었지요.
동지들 가운데 한 사람이었던 박정수(朴貞洙, 1859~1917) 선생이 기본 틀
을 잡았는데요. 병으로 편집 작업을 마무리 짓지 못했습니다. 그 후 역
시 이강년 의진에서 활동했던 강순희(姜順熙, 1868~1929) 선생이 작업을
이어받아 1916년 말 책을 완성했다고 합니다. 1908년에 이강년 의병장
이 돌아가셨으니 8년 만에 책이 만들어졌던 거죠.

'초가지붕 아래에서 주고받는 말조차 허용되지 않던' 모질고 엄한 시대에 기록자와 그 가족들은 얼마나 마음을 졸이며 지냈을까요. 의병들의 활동을 기록으로 남긴 것만도 대단한데 일제의 눈을 피해 기왓장 아래 책을 숨기다니… 일제에 발각되면 목숨을 내놔야 할지도 모르는 일이었을 텐데요. 그 행동만으로도 대단한 독립운동이었다는 생각이 듭니다. 그들이 그때 그런 기록을 남기지 않았더라면 우리는 의병들이 왜 떨치고 일어났는지, 얼마나 처절하게 저항했는지, 그 거친 숨결을 어떻게 느낄 수 있었겠어요. 기왓장 속에 숨어 해방을 맞은 『창의사실기』 덕분에 오늘을 사는 우리는 그들의 삶을 거의 완벽하게 이해할 수 있게 되었지요.

이강년 의병장과 이름도 없이 나라를 위해 목숨을 던진 수많은 의병들의 활약을 기록한 한 권의 책은 우리 저항의 역사를 증언하는 귀중한 자료입니다. 목숨을 건 기록 정신과, 기왓장 속에 숨겨 후대에 전하려는 절박한 마음이 있었기에 우리는 그 역사의 생생함을 되새길 수 있는 것입니다.

낮은 자의 외침, '합력정신'을 아십니까?

서구열강이 처음으로 조선을 침략한 병인양요부터 봉오동과 청산리 전투에 이르기까지 우리 근대 역사의 전투 현장에는 언제나 산포수들이 등장합니다. 산포수는 산에서 맹수를 잡는 사냥꾼인데요. 1871년 신미양요 때는 산포수들이 '타이거헌터', 즉 호랑이 사냥꾼으로 해외에 알려지기도 했습니다. 그들은 임진왜란 당시 왜군이 쓰던 조총을 개조한 화승총을 사용했는데 그 총은 사정거리가 50미터에 불과했고 기껏해야 1분에 두세 발밖에 쏠 수 없었어요. 단 한 발로 호랑이의 급소를 맞혀야 하는 산포수들에게는 호랑이가 가까이 올 때까지 견뎌낼 수 있는 담력과 정확하게 쏘는 사격 능력이 중요했지요. 이처럼 '벼랑 끝' 승부에 익숙한 산포수들 앞에 1866년 처음으로 신식 무기로 무장한 서양의 프랑스 함대가 강화도 앞바다에 나타났습니다. 산포수들은 프랑스군과 벌인 전투를 시작으로 신미양요 때는 미군의 침략을 잇달아 물리쳤고 그 후 의병 항쟁에서도 빛나는 활약을 이어갔습니다.

의병은 글자 그대로 '의(義)를 위해 모인 군대'로서, 이때 의(義)는 나라에 대한 충성을 나타내는데 이는 조선시대 사대부들의 유교 사상에서 출발합니다. 의병을 일으킨 의병장들이 대부분 유교 이념을 깊이 받아들인 전직 관리이거나 양반 출신의 인물들이었던 것도 그런 이유 때문이죠. 그들은 책을 읽고 글은 쓸 줄 알지만 무기를 다룰 줄은 몰랐습니다. 의병대에 속한 농민들도 마찬가지였고요. 총 한 방 쏴 본 적이 없는 유생과 농민만으로는 일본군과 제대로 맞붙어 볼 수조차 없었어요. 싸우면 패하는 게 당연할 수밖에요. 그렇다 보니 총을 자유자재로 다룰 줄 아는 산포수들을 의병으로 끌어들이는 것이 그 무엇보다도 중요했습니다. 의병 활동에 꼭 필요한 산포수들을 포섭하려면 의병장들이 그들에게 허리를 굽히고 사정하는 방법밖에는 없지 않았겠어요? 하지만 엄격한 신분제 아래에서 양반 신분의 의병장이 천민으로 취급되던 산포수를 찾아가 머리를 조아린다는 것은 당시로써는 상상도 할 수 없는 일이었지요.

그런 상황에서도 양반의 체면이나 지위 따위를 벗어던지고 실제 전투에 도움이 되는 사람들을 모으는 일에 힘쓴 의병장들도 있었는데요. 유생 출신인 민용호 의병장은 "맹수를 잡는 포수들을 마을마다 찾을 수 있는데 속히 이들을 소집하지 않으면 장차 어찌 적을 죽일 수 있겠소"라며 산포수들을 적극적으로 포섭했습니다. 또 효령대군의 후손이며 무과에 급제한 운강 이강년 선생도 산포수들에게 먼저 다가가는 그런 분이었어요. 그는 신분의 귀천을 따지지 말고 힘을 모으자는 '합력(合力)'을 외치며 산포수들을 찾아 나섰지요. 농민들과 달리 산포수들은 깊은 산 속에 살았기 때문에 그들을 만나기 위해서는 험한 산길을 끝도 없이 오르내려야 했습니다. 선생은 산포수들을 한 사람 한 사람씩 찾아가서 그들에게 "함께 나라를 구하자"라며 설득하고 의병으로 끌어들였죠. 그 결과 이강년 의병대는 험준한 산악지대를 동에 번쩍 서에 번쩍 누비며 일제의 신식 군대를 무찌를 수 있었습니다. 이강년 의병대가 일본군이 가장 두려워한 부대로 이름을 떨치게 된 데는 그와 같은 '사냥꾼 헤드 헌팅'에 얽힌 이야기가 숨어있답니다.

의병장 민용호

이강년 선생과 그가 '합력 정신'을 강조한 글

1894년 갑오개혁 때 신분제가 법적으로는 폐지되었다고 하지만 신분차별 의식은 여전히 남아있었습니다. 산포수들을 이끌고 눈부신 전과를 올린 평민 의병장 김백선은 양반 의병장에게 '대들었다'는 이유로 단칼에 목을 베이고 말았지요. 또 산포수 출신인 홍범도 장군은 미천한 신분 탓에 1907년에 결성된 의병연합부대인 '13도창의군'에서 제외되기도 했고요. 의병들의 단합과 백성들의 지지를 이끌어내는 데 발목을 잡은 것이 바로 신분제도였어요. 정말 안타까운 일이 아닐 수 없습니다.

"백지장도 맞들면 낫다."

초등학생들도 대부분 그 의미를 아는 속담입니다. 나라를 지키는 일

역사는 스토리다 / 독립영웅을 만든 장면 50

이, 독립을 되찾는 일이 어찌 좋잇장만 못하겠습니까. 강한 군대를 만들기 위해 체면이나 신분을 벗어던진 이강년 선생은 나라를 지키는 데 조금이라도 힘이 되는 것이 있다면 가슴을 열었습니다. 그것보다 더 소중하고 그것보다 더 의미 있는 일은 세상에 없었기 때문입니다. 그때나 지금이나 나라가 위기에 처했을 때는 온 국민을 통합할 수 있는 지도력이 필요합니다. 특히 조선시대 같이 엄격한 신분제 사회에서는 양반, 평민, 천민을 가리지 않고 힘을 한데 모으려는 노력이 더욱 중요했을 겁니다.

이강년 선생은 스스로 몸을 낮추고 사냥꾼과 같은 '낮은 자'가 되어 함께 '합력 정신'을 외쳤습니다. 그런 의미에서 선생은 뛰어난 통합 지도자의 참된 면모를 보여주었지요. 1962년 대한민국 정부는 선생에게 건국훈장의 최고 등급인 대한민국장을 추서했는데요, 그것은 선생의 탁월한 공 못지않게 그 공을 이루게 된 '합력 정신'을 높이 평가했기 때문이 아니었을까 하는 생각이 듭니다.

어느 의병장과 죽음의 이유

김백선(1849~1896) 의병장 처형 사건에 대해 좀 더 자세히 살펴보죠. 산포수 출신으로 알려진 그는 호좌의진의 선봉장으로 충주성을 점령하는 등 큰 공을 세웁니다. 1896년 3월 가흥에서 일본군 수비대를 공격하던 그는 지원군이 오지 않아 끝내 패배하고 맙니다. 본진으로 돌아온 김백선 선생은 유생 출신 의병장에게 칼을 뽑아 들고 원군을 보내지 않은 이유를 따졌는데요. 이 광경을 지켜본 의병대장 유인석은 "그대는 한낱 포수에 불과한 상민이었거늘, 어찌 분수를 모르는가"라며 군기문란죄를 물어 총살형을 명했습니다.

김백선 선생은 4백여 명의 동료 포수들을 이끌고 큰 공을 세워 정3품 절충장군에 오르는 등 엄청난 신분 상승을 이룬 의병장이었어요. 그런 인물조차도 신분 차별의 벽을 넘지 못하고 공개 처형을 당했던 거죠. 선생이 처형되자 산포수들은 앞다퉈 의병 대열에서 이탈했고, 호좌의진은 연패를 거듭한 끝에 만주로 도피했다가 해체되고 맙니다. 김백선 의병장의 처형은 의병 지도부인 양반 유생들의 한계를 드러낸 사건이었습니다. 또한 구한말 의병 진영에 존재했던 신분 갈등을 상징적으로 보여주는 너무나 안타까운 일이기도 했지요.

경기도 양평에 있는 김백선 의병장의 묘(위쪽). 아래에는 그의 애마 묘가 있다. 장군이 처형당한 후 이 말이 장군의 집 주위를 사흘이나 맴돌다가 죽자 마을 사람들이 묻어 주었다고 전해진다. 무덤 앞에는 '하늘을 나는 말(天飛馬 · 천비마)' 비석이 서 있다.

민병에서 황제의 군대로

....

1905년 러일전쟁에서 승리한 일본은 그해 11월 17일 광무황제 고종을 겁박해 을사늑약을 맺게 했습니다. 그러자 전국 각지에서 다시 의병이 일어나 이 조약의 부당함에 저항하기 시작했어요. 여기에 1907년 대한제국 군대가 강제로 해체되자 일제에 대한 민중들의 적대감은 하늘을 찔렀습니다. 해산된 대한제국의 군인들까지 의병 대열에 합류하면서 의병 부대의 전력은 한층 강화되었습니다.

의병은 국가의 정식 군대가 아닙니다. 나라가 위급할 때 백성들이 스스로 조직한 병력인 의병은 국가의 명령 없이 자발적으로 전장에 나서는 '민병'입니다. 애국지사이자 역사학자인 박은식 선생은 그의 책『한

박은식 선생의『한국통사』초판본   고종황제 어진

국통사』에서 "의병은 민군이다. 나라가 위급할 때 즉시 의(義)로써 일어나 조정의 명령을 기다리지 않고 종군하여 싸우는 사람이다. 의병은 우리 민족의 국수(國粹)이다."라고 정의했습니다. 반면 일본의 입장에서 의병은 관군이 아닌 '폭도'에 불과한 존재일 뿐이었어요. 당시 고종황제는 일본 몰래 의병들이 일어나서 싸우기를 바란다는 비밀문서를 전국에 내려보냈습니다. 나라의 주권이 왕에게 있는 군주제에서 고종의 밀지는 의병들에게 무엇보다 크나큰 힘이 되었지요.

생각해 보세요. 황제가 자신들을 인정하고 지지해 준다고 하니 나라를 위해서 목숨을 내던지겠다고 나선 의병들이 얼마나 좋아하고 사기가 높아졌겠어요. 밀지를 받음으로써 민병대에 불과하던 의병이 '황제의 군대'가 되는 셈이었으니까요. 고종의 밀지는 의병들에게 나라를 위해 싸울 수 있다는 명분과 자신감을 주었고 더 많은 의병을 규합할 수 있는 결정적인 계기가 되었습니다. 당시 최강의 의병 부대로 손꼽히던 이강년 의병대도 예외는 아니었죠.

운강 이강년 선생은 1907년 3월, 강원도 원주와 횡성에서 군사를 모집했습니다. 그해 6월에는 원주읍에서 관군의 무기를 확보하면서 세력을 크게 키워 나갔습니다. 또 8월에는 제천 연합전투에서 1개 소대의 적을 물리치는 전과를 올렸고요. 이강년 부대의 활약은 고종의 귀에까지 들어갔어요. 군사교육을 제대로 받은 것도 아니고 무기도 보잘것없는 상태에서 당시 세계 최강의 일본군을 상대로 거둔 승리였으니 얼마나 대견하고 자랑스러웠을까요. 고종황제는 의병장 이강년에게 밀지를 내려 '도체찰사(都體察使)'로 임명했다고 합니다. 도체찰사는 국가 비상시기에 군의 총사령관에 해당되지요. 정말 대단히 높은 직책을 준 것인데요. 더구나 밀지에 '만일 명을 좇지 않는 자가 있으면 관찰사와 수령들을 먼저 베고 파직하며 내쫓을 것'이라고 적었습니다. 명을 따르지 않는 자들을 마음대로 처단할 수 있는 '생사여탈권'까지 쥐어준 거죠. 이를 보면 고종이 운강 선생에게 거는 기대가 얼마나 컸는지 알 수 있겠지요. 황제의 기대에 부응하듯이 운강이 이끄는 부대는 이후 일본군과 맞선 여러 차례의 전투에서 통쾌한 승리를 거뒀습니다.

대한제국이 끝나갈 무렵, 나라의 곳간은 텅텅 비어 있었습니다. 허울만 좋은 '황제의 나라'는 궁궐지기들조차 끼니를 걱정해야 할 형편이었습니다. 나라를 지켜야 할 군인들은 이미 총과 칼을 일제에 빼앗겨 벌거숭이나 다름없었고요. 정규군이 무너지고 더 이상 나라가 지탱할 힘이 없을 때 죽음을 무릅쓰고 일어난 이들이 의병이었어요. 그때 일어난 의병들의 사기를 힘껏 끌어 올린 것은 월급도 무기도 제복도 아닌 한 장의 밀서였습니다. 황제의 밀지를 받음으로써 내 손으로 나라를 지킨다는 명분을 얻었던 거죠. 배고픔도, 추위도, 식솔들 걱정도 나라를 위하는 그들의 발길을 붙들지 못했습니다. 운강 선생과 우리의 의병들은 그만큼 숭고한 정신의 소유자들이었지요. 그들이 시작한 의로운 투쟁이 씨앗이 되어 나라를 되찾을 수 있었고 지금 이렇게 장한 나라로 달려올 수 있었습니다.

영국 기자 맥켄지가 목격한 '그날'

　캐나다 출신의 프레드릭 아서 맥켄지(1869~1931)는 1900년부터 영국 런던의 〈데일리 메일지〉 기자로 일하며 특파원으로 세 차례 한국을 방문했습니다. 1907년 가을 어느 날, 맥켄지는 놀라운 소식을 들었습니다. 구식 무기인 화승총을 든 의병들이 곳곳에서 세계 최강을 뽐내던 일본 정규군을 물리쳤다는 건데요, 정말 믿기 힘든 이야기였습니다. 서울에서 듣는 의병들의 승전보는 아무리 생각 해봐도 믿기질 않았어요. 그는 기자로서 호기심이 발동했죠. 그래서 의병들에 대한 소문이 사실인지 확인하기 위해 격전지를 향해 말을 타고 길을 나섰습니다. 그가 향한 곳은 의병들이 가장 격렬하게 싸웠다고 전해 들은 충북 제천이었습니다.

　제천에 도착한 맥켄지는 처절한 현장의 광경을 바라보고 놀라움과 슬픔을 억누를 수 없었습니다. 그가 찾은 마을들이 온통 형체를 알아볼 수 없을 정도의 잿더미가 되어버렸기 때문입니다. 어떤 마을은 제대로 된 기둥 하나 서 있지 않은 채 모조리 파괴되어 있었고, 또 다른 마을은 그가 찾아갔을 때까지도 불길에 휩싸여 있었습니다. 여기저기 시체들이 널브러져 있는 광경에 그는 더 이상 눈을 뜰 수 없었지요. '목불인견(目不忍見)'이란 말은 그런 장면을 떠올릴 때 쓰는 말이었을 것입니다. 일본군은 선량한 농민들의 집과 살림살이들을 닥치는 대로 불살랐고 이에 저항하는 사람들에게는 총칼을 마구 휘둘렀습니다. 그들의 잔인함을 설명하려면 입이 열 개라도 모자랄 지경이었죠. 대체 일본군은 왜 그토록 잔인한 행동을 했던 걸까요? 그들은 제천 일대를 초토화시켜 의병 토벌의 본보기로 삼으려고 했던 것입니다. 여기에는 나름의 이유가 있었는데요, 바로 이 지역을 무대로 활동한 이강년 부대 때문이었어요.

프레드릭 아서 맥켄지 기자
(Frederick Arthur McKenzie)

일본군 의병 토벌대와 체포된 의병들

1907년 8월, 제천에 온 이강년 의병장은 일본군이 쳐들어온다는 소식을 듣고 매복 작전을 펼쳤습니다. 적은 인원으로 대규모의 일본 정규군과 정면으로 맞붙어서는 승산이 없었기 때문입니다. 그래서 매복과 기습 작전으로 일본군의 허를 찌르기로 했던 것이죠. 이강년 의병장의 작전은 크게 성공했습니다. 의병들은 일제 군경들이 지나갈 길목 주변에 매복해 있다가 그들의 배후를 급습해 큰 타격을 주었는데요, 4시간이 넘는 치열한 전투를 벌인 끝에 일본군은 충주 쪽으로 후퇴해 버렸

습니다. 신식 무기로 무장한 일본군이 오합지졸로 여기던 의병들의 화
승총 공격을 받고 꽁지를 내리고 도망치다니… 그 모습을 상상하는 것
만으로도 정말 통쾌하지 않나요?

그 전투에서 수십 명의 일본군이 우리의 의병들과 싸우다가 죽거나
다쳤다고 합니다. 일본군은 세계 최강의 군대라고 으스대면서 눈곱만
큼도 여기지 않고 얕잡아봤던 의병에 당하고 말았으니 얼마나 약이 올
랐겠어요. 그래서 속된 말로 "너희들이 까불면 이렇게 된다"라며 제천
일대의 마을을 본보기로 삼아 잿더미로 만들어 버린 것입니다. 구식
무기를 들고 싸우는 의병들이 신식 무기로 무장한 일본군을 무찔렀다
는 소문은 놀랍게도 사실이었던 거죠. 그 광경을 자기의 두 눈으로 직
접 목격한 맥켄지는 죽음을 무릅쓰고 일제에 맞서 싸운 의병들의 활
약과 일본의 만행을 온 세상에 알렸습니다. 우리의 시각이 아닌, 제삼
자의 눈으로 객관적이며 정확하게 우리 의병들의 활약을 알린 것인데
요. 그가 펴낸 책 『한국의 자유를 위한 투쟁(Korea's Fight for Freedom)』
과 『한국의 비극(The Tragedy of Korea)』은 죽음을 각오하고 패전에도
결코 물러서지 않는 당시 의병들의 꺾이지 않는 숭고한 정신을 담고 있
습니다.

일본군에 의해 불탄 가옥들

맥켄지가 촬영한 폐허가 된 제천 모습

'영롱한 눈초리와 얼굴에 감
도는 자신만만한 미소'

당시 항일 의병들을 직접
만난 맥켄지가 그들을 묘사한
말입니다. 그는 자기 책 속에
어느 의병의 목소리를 다음과

맥켄지가 촬영한 구한말 의병들

같이 그대로 옮겨 놓았습니다. "보초는 필요 없습니다. 주민 모두가 우
리를 지켜주고 있으니까요…… 어차피 싸우다 죽게 되겠지요. 하지만
일본의 노예로 사느니 차라리 자유인으로 죽는 게 낫지요." 오랜 세월
이 흘렀지만 당시 우리 의병들이 나라를 구하려고 목숨을 아깝지 않게
여기며 애처롭게 싸우던 장면이 눈물과 함께 떠오릅니다. 죽음을 불사
하고 들불같이 일어난 의병들. 영국인 기자 맥켄지는 나라를 위해 목
숨을 아끼지 않았던 의병들의 불타는 애국심을 목격하고 이를 전 세계
에 알렸습니다. 그리고 그가 목격한 그날, 그 중심에는 이강년 의병장
이 든든하게 버티고 있었습니다.

맥켄지의 '또 하나의 독립운동'

2014년 한국 정부는 맥켄지에게 건국훈장 3등급인 독립장을 추서했습니다. 독립장은 독립운동가들 중에서 상당히 뛰어난 공훈을 남기신 분들께 드리는 것이지요. 신흥무관학교를 설립한 이회영, 대한의 독립과 결혼한 김마리아, 러시아 독립운동의 대부 최재형 선생이 받은 훈장입니다. 어떻게 그에게 그렇게 높은 등급의 훈장이 주어졌을까요? 언론인으로서 일제의 만행을 국제사회에 널리 알린 것도 큰 업적이긴 하지만 맥켄지는 일제에 체포되거나 직접적으로 탄압을 받은 적이 없었거든요. 거기에는 우리에게 잘 알려지지 않은 그의 또 다른 공적이 있었기 때문입니다.

영국 런던 국회의사당. 한국친우회 창립식은 하원 제6호실에서 개최되었다

1919년 파리평화회의 참석을 위해 김규식 선생 일행이 프랑스에 도착했고 얼마 후 임시정부 파리위원부가 출범하게 되었는데요. 맥켄지는 파리위원부 인사들을 만난 자리에서 "한국의 독립을 위해 가능한 모든 것을 다하겠다"라고 자신의 뜻을 밝힙니다. 1년 뒤인 1920년 10월 26일 그는 영국 런던에서 '한국친우회'를 창립하지요. 한국의 독립을 지원하기 위한 조직을 만든 거죠. 그런데 뜻밖에도 친우회 회원들의 면면이 무척 화려했습니다. 영국 국회의원 17명을 포함해 에든버러대학 학장과 언론인, 귀족, 목사 등 영국의 내로라하는 지도자급 인사들이 한국친우회에 대거 참여했어요. 당시 일본과 동맹을 맺고 있던 영국에서 동맹국의 식민지에 대한 독립 지원을 공개적으로 드러내기란 쉽지 않았을 텐데요. 그가 한국의 독립을 위해 얼마나 많은 힘을 쏟았는지 잘 알 수 있는 장면입니다.

한국친우회 창립식은 영국 국회의사당에서 유력인사 62명이 참석한 가운데 열렸습니다. 맥켄지는 창립식 연설에서 한국의 실상을 알리는 동시에 일제의 식민지배를 거침없이 비판했어요. 이 행사에서 친우회 회원들은 한국의 독립 후원을 목적으로 하는 4개항을 결의했고, 그 뒤 일제가 간도에서 벌인 한국인 대량 학살 사건을 규탄하는 활동을 펼치기도 했습니다. 1925년경부터는 자금 문제에 부딪혀 친우회의 활동이 중단되고 말았지만, 자유와 정의를 위한 맥켄지의 투쟁은 암울한 식민지 현실에 한 줄기 빛을 던져 주었습니다.

울며 동지를 베다

　구한말 나라를 구하기 위해 처절한 싸움터에 뛰어든 많은 의병장들 가운데 가장 뛰어난 전투력을 보여준 인물이 세 사람 있습니다. 한 사람은 함경도에서 산포수들을 모아 의병을 일으킨 홍범도 장군, '날으는 홍범도'로 잘 알려져 있죠. 그리고 대한제국 군인 출신인 민긍호 선생. 또 한 사람은 조선시대 무관이자 유생 출신인 운강 이강년입니다. 운강은 1895년 명성황후 시해와 단발령 사건이 일어나자 대표적인 유학자인 유인석 선생이 이끌던 제천의진에 들어갑니다. 그는 뛰어난 능력을 인정받아 곧바로 유격장에 임명되죠. 유격장은 그 이름으로 알 수 있듯이 탁월한 기동성과 전투력을 갖춘 정예부대를 거느리는 장수입니다. 의병장 대다수가 유생 출신인 상황에서 무과 출신자니까 잘 싸

홍범도 장군(1868~1943)

의병장 민긍호(1865~1908) 흉상

우는 걸 당연하게 여길 수도 있겠지요. 하지만 그게 전부가 아니었습니다. 이강년 부대의 뛰어난 전투력에는 뜻밖의 사연이 숨겨 있었습니다.

당시 의병들은 나라를 위해 목숨을 내놓고 총칼을 들었지만 정작 나라로부터는 아무런 지원이나 대접도 받지 못했습니다. 싸우면서 먹을 것, 입을 것이 부족해 백성들의 도움을 받아야 했지요. 의병 가운데 일부는 굶주림과 추위를 못 견디고 민가에 들어가 재물을 훔치거나 소, 돼지, 닭 같은 가축을 마구 잡아먹어서 큰 문제를 일으키기도 했습니다. 나라를 구하는 의로운 일을 하면서 먹을 것 좀 훔친 게 뭐 그리 큰일이냐고요? 하지만 이강년 의병장은 백성들을 괴롭히는 행위를 용서할 수 없었습니다. 의로움을 의병의 최고 가치로 여겼기 때문이지요.

1907년 9월, 이강년 의병 부대가 강원도 영월에 머물고 있을 때였습니다. 운강 선생과 십수 년을 함께 싸운 청풍 의병장 조동교는 이따금 주민들의 재물을 약탈해 말썽을 일으켰는데요. 조동교의 의병 무리는 주민들이 피난 가면서 감춰둔 식량이나 옷가지들을 찾아내 자기들의 것처럼 쓰는 바람에 주민들의 원망을 샀어요. 운강은 더 이상 조동교의 못된 행동을 눈감아 줄 수 없다고 판단했습니다. 그래서 조동교를 비롯해 부대의 군율을 어긴 의병 세 명을 총살형에 처했습니다. 생각해 보세요. 전쟁터에서 함께 싸우며 형제보다 더 가까이 지낸 전우를 자기 손으로 처단한다는 게 얼마나 힘든 결정이었을까요. 운강도 읍참마속(泣斬馬謖)의 심정으로 '울며 동지들을 베는' 결단을 내려야 했을 겁니다.

이강년 의병장의 엄격한 군율 준수 원칙을 알려주는 또 하나의 이야기가 전해 오고 있습니다. 1908년 1월 5일 〈대한매일신보〉에 실린 내용인데요, 그 무렵 운강이 쓰던 갓은 적의 탄환에 부서져 형태만 남았고 그의 몸은 한군데도 성한 곳이 없었다고 합니다. 그런데도 선생은 휘하의 병사들과 고통을 함께하여 살을 에는 추위에도 늘 홑옷을 입고 다녔지요. 어느 날 그를 따라다니던 사위가 추위에 고통을 이기지 못하고 부하 병사의 솜옷을 빌려 입었는데요. 그 모습을 본 선생은 "대장이라도 또 그 가족이라도 일반 병사와 똑같은 옷을 입고 똑같은 음식을 먹어야 하는 법이다"라고 엄하게 호통을 치며 사위에게 무거운 형벌을 내렸습니다. 그 기사에는 "이강년 의병대가 행군하며 지나갈 때 털끝만큼도 범하는 것이 없기에 일본인들도 그의 사람됨에 대하여 혀를 차며 칭찬한다더라"라는 내용도 나옵니다.

구식 무기로 엉성하게 무장한 의병들. 이강년 의병장 휘하의 의병들은 당시 세계 최강의 군대로 떠오르던 일본군 앞에서 단 한 발자국도 물러서지 않는 굳센 의기를 떨쳤습니다. 이강년 의병 부대의 강한 전투

1907년 경기 양평에서 촬영한 의병 모습

역사는 스토리다 / 독립영웅을 만든 장면 50

력은 그냥 얻어진 게 아니었어요. 큰 뜻을 위해 마음속으로는 울면서
도 동지의 목을 베는 과감한 결단력과 그것을 뒷받침하는 엄한 군율이
있었기 때문이죠. 이강년 의병장은 군율을 지켜야 의병들을 온전히 하
나로 단합시킬 수 있고, 그것이 곧 승리로 이어진다는 걸 굳게 믿었습
니다.

어느 가문의 선택, 그 후

우리나라가 일제의 침략에 시달리던 때 각 지역에는 대를 이어 의병 활동을 펼친 이들이 있었습니다. 충청 지역에서 홍주의병을 이끈 채규대 의병장은 아버지 채광묵 선생을 따라 일제에 맞서 의병의 길을 걸었습니다. 한의학 의술로 왕실의 사랑을 받던 정환직 선생은 고종황제의 밀명을 받고 총칼을 들었죠. 그의 첫째 아들 정용기도 경상도에서 의병 대열에 뛰어들었고요. 전라도 광주에서 의병을 일으킨 양진여와 양상기 부자는 평민 출신의 의병장으로 이름을 떨쳤습니다. 이들 말고도 대를 이어 의병이 된 경우가 적지 않습니다. 하지만 아들들 모두가 아버지의 뒤를 이어 의병에 투신한 사례는 매우 드물지요. 여기서 아버지와 아들 삼 형제 모두 의병 활동을 펼친 특별한 집안을 소개합니다. 그 주인공은 바로 이강년 의병장과 그의 아들들인데요. 이강년 의병장이야 워낙 유명한 인물이어서 다들 알고 있지만, 세 아들의 활동에 대해서는 제대로 아는 사람이 그리 많지 않습니다.

선생의 첫째 아들 승재는 의병이 되어 아버지를 곁에서 도왔습니다. 1908년 6월, 청풍 까치산 전투에서 이강년 의병장이 일본군의 총에 발목을 다쳐 체포되는데요. 이승재는 분한 마음에 아버지가 수감된 감옥

역사는 스토리다 / 독립영웅을 만든 장면 50

1909년 일본군의 '남한대토벌작전'에 끝까지 저항하다 체포된 호남 지역 의병장들. 뒷줄 왼쪽에서 세 번째가 부자 의병장 양진여.

의 문을 부수다가 붙잡히기도 합니다. 또 이강년 의병장이 나라를 위험에 빠뜨렸다는 내란죄로 교수형을 받고 순국하자 아들 승재는 일제가 제공하는 장례비를 단호히 거부합니다. 그러고는 아버지의 복수를 다짐하며 나라를 되찾기 위해 온 힘을 다하지요. 세상 사람들은 그런 아버지와 아들을 보며 "의로운 아버지에 의로운 아들"이라며 칭찬을 아끼지 않았어요. 아버지가 억울하게 세상을 떠난 뒤에도 승재는 흩어진 동지들을 모아 결사대를 조직해 의병 활동을 이어나갔습니다. 그는 결사대와 함께 전국을 누비며 조선 통감 이토 히로부미를 암살하려고 시도했지만 뜻을 이루지 못했습니다. 그러다가 일제에 빌붙은 일진회원 박준호에게 독살됩니다. 나라를 구하려다가 오히려 나라를 위기에 빠트린 친일파 무리에게 당하고 만 것이죠.

선생의 둘째 아들 긍재는 1907년 7월, 아버지의 의진에서 종사관에 임명되어 단양과 제천, 문경에서 큰 활약을 펼쳤습니다. 셋째 명재도 일제의 탄압과 감시가 숨 막힐 지경이 되자 형들과 함께 항일전선에 뛰어들었고요. 사정이 이렇다 보니 남겨진 가족들은 고향 문경을 떠날 수밖에 없었어요. 그 틈을 이용해 일제는 이강년 선생이 소유한 땅 3천여 평을 강탈했습니다. 이강년 선생이 형장의 이슬로 사라진 지 3년 뒤, 대한제국은 역사 속으로 사라졌습니다. 나라를 팔아먹은 친일파들은 그 대가로 일왕이 준 귀족 작위와 은사금을 받아 일본으로 부부 동반 단체 관광을 떠났지요. 그들과 정반대의 길을 걸었던 선생과 삼 형제의 '선택'은 어떤 결과를 가져왔을까요. 해방 후 아버지와 세 아들은 모두 건국훈장에 추서되었지만 그 후손들은 빼앗긴 땅을 되찾지 못한 채 아직도 고단한 삶을 이어가고 있습니다. "친일파 가문은 삼대가 흥하고 독립군 집안은 삼대가 망한다"라는 말은 선생의 가문에 딱 들어맞는 것 같아 쓸쓸한 마음을 피할 수 없습니다.

의병 진압을 위해 출진하는 일본군

경북 문경시 가은읍 완장리에 있는 운강 이강년 기념관과 동상

아무리 훌륭한 뜻을 지녔다 하더라도 나라를 위해 사부자(四父子)가 모두 목숨을 바치는 일은 정말 쉽지 않은 일이지요. "나라가 위태로운데 가문의 영광이 무슨 소용이 있겠느냐"라는 이강년 선생의 말에 대쪽 같은 절개가 절로 느껴집니다. 백여 년 전 경북 문경 산골 마을의

역사는 스토리다 / 독립영웅을 만든 장면 50

한 가문이 내린 선택과 그 후에 벌어진 일을 여러분은 어떻게 생각하십니까. 어딘가 어긋나 있는 모습 아닌가요. 모든 것이 반듯하게 정리되어야 목숨을 걸고 나라를 지키겠다는 각오를 가슴에 새길 수 있을 텐데요. 요즘처럼 나라가 어지러울 때일수록 이강년 사부자의 의로운 이야기는 더욱 거센 울림으로 우리에게 다가옵니다.

경북 문경시 가은읍 완장리에 있는 이강년 선생의 생가지
(경상북도 기념물 제90호)

시대정신으로 본 '포용 리더십'

·····································

구한말 의병들의 주요 목표 가운데 하나는 친일파들을 처단하는 것이었습니다. 친일파는 쓰러져가는 나라를 구하기는커녕 일제에 빌붙어서 재산을 불리거나 관직을 움켜쥐려고 하면서 자기들만의 욕심을 채우기에 눈이 멀어있었기 때문입니다. 의병들의 눈으로 볼 때 친일파 무리는 먹이에 굶주린 승냥이 같은 존재였어요. 그래서 의병들은 싸움터에 나가기 전에 출정식을 하며 친일파를 처단하는 의식을 벌였다고 합니다. 대표적인 친일 단체인 일진회 회원들이 의병들의 첫 번째 척결 대상이었지요. 황현 선생이 쓴 『매천야록』에 따르면 1907년 7월부터 이듬해 5월까지 11개월 동안 의병에게 처단된 일진회원은 무려 9천2백 명이나 되었습니다.

의병들 가운데는 친일파라면 무조건 처단해야 한다는 사람들이 대부분이었지만, 자기들의 행위를 뉘우치는 자들에 대해서는 용서해 주자는 이들도 간혹 있었어요. 이렇게 친일파에게 온정적인 태도를 지닌 의병들 가운데는 뜻밖에도 운강 이강년 선생이 들어있었습니다. 그 누구보다도 강하고 엄하게 의병 부대를 이끄신 분이 친일파를 끌어안아 주어야 한다는 주장을 폈다는 게 선뜻 이해가 되지 않는데요. 거기에

매천 황현(1856~1910)　　　대원군 집정 시기부터 1910년 경술국치
　　　　　　　　　　　　　까지의 역사를 기록한 『매천야록』

는 운강의 깊은 뜻이 담겨 있었습니다. 그는 1896년 고향 문경에서 의병을 일으킨 이후 한동안 은거하며 학문에 힘쓰다가 1907년 충북 제천에서 의병을 다시 일으켰습니다. 그때 내건 〈통고문〉에서 그는 '엎어진 새 둥지에 어찌 온전한 알이 있겠는가'라며 백성 모두가 하나로 뭉쳐 항일전쟁에 매진할 것을 호소했어요. 나라를 빼앗긴 마당에 모두가 피해자라는 '통 큰' 생각을 했던 것이죠. 친일파라도 끌어안아야 한다는 선생의 포용력을 엿볼 수 있는 대목입니다.

또 그가 쓴 일기를 토대로 작성된 『창의사실기』에서도 선생은 "도적에게 붙었던 자라도 마음을 고치고 토적복수(討賊復讐)의 의리로 맹세한다면 가히 용서할 수 있을 것이다"라며 자신의 생각을 밝히고 있어요. 친일파의 등장을 개인적 차원이 아니라 한민족이 처한 시대적 상황의 결과로 이해하는 아량을 보였던 것인데요. 당시로써는 상당히 파격적인 세계관을 지니고 있었던 셈이죠. 온 백성이 함께 힘을 모으기 위해서는 대국적 차원에서 그들의 죄와 허물을 감싸줘야 한다는 것이 그의 생각이었습니다. 중국의 군사전략가 손무는 『손자병법』에서 장수를 용장(勇將)과 지장(智將) 그리고 덕장(德將) 세 부류로 나누었습니다. '용장'은 군사들을 진두지휘하는 용맹한 지도자이고, '지장'은 다양한 전술을 구사하는 전략가형 장수이지요. 그리고 '덕장'은 잘못을 꾸짖기보다 감싸줄 수 있는 덕성을 지닌 장수를 일컫습니다. 이강년 의병장이야말로 세 가지 덕목을 모두 지닌 장수 중의 으뜸가는 장수라는 생각이 듭니다.

왼쪽부터 우치다 료헤이 일진회 고문, 다케다 한시 일진회 고문, 이용구 일진회 회장

무장한 일진회 회원들

　나라가 위기에 처했을 때 필요한 리더의 덕목은 무엇일까요? 아무리 학식과 추진력이 뛰어난 지도자라고 하더라도 내 편 네 편을 가른다면 그 지도자가 이끄는 나라는 분열 때문에 온전한 모습을 유지할 수 없을 것입니다. 분열로 이끄는 리더십이 아니라 통합과 관용이 바탕에 깔린 리더십이 어려운 시기를 극복하는 열쇠가 아닐까요. 우리가 잘 아는 말 가운데 '정저와(井底蛙)', 우물 안 개구리라는 말이 있습니다. 우물 안 개구리는 무식합니다. 지식이 얕은 것만이 무식한 게 아니지요. 세

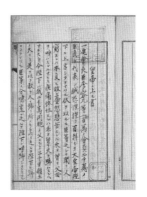
1909년 일진회가 100만 명 회원의 서명을
받아 순종에게 올린 상소문

상이 어떻게 돌아가는 줄도 모르고 그것을 극복하는 방법도 모릅니다. 그 결과 전체를 볼 줄 모르고 어떻게 세상을, 나라를, 사회를, 조직을 이끌어야 하는지도 모르지요. 우물 안 개구리였던 나라, 대한제국. 그리고 그 좁은 세상에 갇힌 제국의 황제는 비참한 현실에 직면하게 됩니다.

넓게 보고, 크게 생각할 줄 아는 지도자들이 없던 암울한 그 시대에 운강 선생은 폭넓은 세계관을 지닌 보기 드문 리더였습니다. 친일파까지도 껴안고 잃어버린 나라를 되찾으려고 했던 선생의 '포용 리더십'은 지금 이 시대의 우리 지도자들이 반드시 되새겨야 할 시대정신이라고 생각합니다.

'감옥 속 감옥'의 첫 순국자

서울 서대문구에는 우리의 아픈 역사를 가슴 저리게 느낄 수 있는 곳이 한 군데 있습니다. 일제강점기 내내 독립운동가들을 붙잡아 가둔 곳. 식민지라는 거대한 감옥 속에서도 '진짜' 감옥이었던 서대문형무소입니다. 제국주의 침략국이 약소국을 식민지로 만든 후, 가장 먼저 하는 일이 무엇일까요? 바로 감옥을 만드는 일입니다. 식민 지배에 저항하는 싹을 잘라내기 위해서였죠. 서대문형무소는 일본 제국주의에 반대하는 세력을 탄압하고 처단할 목적으로 만들어졌습니다. 우리나라최초의 근대식 감옥이 일본인들 손에 의해 만들어졌다니… 정말 어처구니없는 일이지요. 1908년 10월에 문을 연 서대문형무소에는 4만여 명에 달하는 애국지사가 조국의 독립을 위해 싸우다가 투옥되었고 그 가운데 6백여 명은 일제의 참혹한 고문 끝에 옥중 순국하거나 사형당했습니다. 그곳에 그토록 많은 독립투사들과 그 가족들의 눈물과 한이 서려 있다고 생각하니, 지금도 가슴이 찡합니다.

그럼 수많은 순국자들 가운데 서대문형무소에서 처음으로 희생된 사람은 누구일까요? 일제가 본격적으로 한반도를 집어삼키려던 1900년대 초는 의병들이 가장 활발하게 활동을 하던 때였습니다. 전국 곳곳

역사는 스토리다 / 독립영웅을 만든 장면 50

에서 동시다발로 의병이 일어나다 보니 일본군이 잡아들인 의병 포로가 꽤 많았습니다. 붙잡은 의병들을 가둘 시설이 부족했죠. 그래서 일제는 이들을 가둬 둘 목적으로 서대문형무소를 만듭니다. 서대문형무소는 1908년 10월 21일 '경성감옥'이라는 이름으로 문을 열었는데요, 바로 그날 이곳에서 의병장인 왕산 허위 선생이 교수형을 당합니다. 허위 선생이 서대문형무소에서 사형이 집행된 첫 순국자로 알려진 이유가 그 때문이지요. 그런데 형무소가 정식으로 개소하기 약 1주일 전에 이곳에서 이미 처형된 분이 있었습니다. 역시 같은 의병장인 운강 이강년 선생이었어요. 서대문형무소는 원래 그해 8월에 공사를 마쳤지만 시국이 매우 어수선하여 개소식이 늦춰졌던 거지요. 그러니까 이강년 선생을 서대문형무소의 사실상 첫 순국자로 부르는 것은 그리 지나친 말이 아닐 겁니다.

왕산 허위 선생
(1854~1908)

운강 이강년은 한반도 북부지방에서 활약한 산포수 출신의 홍범도, 대한제국 군인 출신의 민긍호와 함께 뛰어난 지도력과 전투력으로 많은 공을 세운 대표적인 의병장입니다. 경상도, 충청도, 강원도 등에서 활약하며 일본군을 벌벌 떨게 만든 주인공이었죠. 하지만 선생은 1908년 7월 2일, 청풍 까치산 전투에서 장맛비 속에서 격렬하게 싸우다가 발목에 총을 맞아 붙잡히고 말았습니다. 그는 잡혀가면서도 함께 싸운 의병들의 시신을 보며 마을 사람들에게 "내가 잡힌 몸이 되었으니 전사한 사람들은 잘 매장하여 주기 바란다"라는 말을 남겼다고 합니다.

탄환의 무정함이여
발목을 다쳐 나아갈 수 없구나.
차라리 심장에 맞았더라면
이런 수모를 받지 않을 것을.

이강년 선생이 충주로 압송될 당시의 심정을 읊은 시비

"다쳐서 왜적에 붙잡히느니 차라리 죽는 것이 낫다"라고 읊었던 운강 이강년. 적을 향해 벌판을 호령하며 달리던 의병장의 기개가 느껴지지 않나요? 일본군에 붙잡히고 나서 2개월 후인 1908년 9월 22일, 선생은 내란을 일으켰다는 죄목으로 교수형을 선고받습니다. 위기에 빠진 나라를 위해 총칼을 들었는데 그것이 어떻게 내란죄가 됩니까. 아무리 생각해도 말도 되지 않는 억울한 죄명일 수밖에 없습니다. 그때는 일본에 나라를 완전히 빼앗기기 전이었는데도 말이죠. 한 줄기 빛도 보이지 않던 암흑의 시기에 앞장서서 횃불을 들고 나아갔던 운강 선생은 교수형 선고 후 20여 일이 지난 1908년 10월 13일 순국했습니다. 서대문형무소의 사실상 첫 순국자, 당시 선생의 나이는 51세였습니다.

서울 지하철 3호선 독립문역 5번 출구를 나오면 악명 높은 옛 서대문형무소가 공원처럼 꾸며져 있습니다. 물론 지금은 높은 담장도 철조망도 지키는 간수나 군인도 없는 형무소 건물이 옛 모습 그대로 자리를 지키고 있지요. 그곳을 지날 때 누구나 한 번쯤은 시간을 내어 오늘의 우리와 무슨 관계가 있는지 짚어 볼 필요가 있다는 생각이 듭니다. 당시 이름만 들어도 식은땀이 났다던 서대문감옥에서 모진 고초를 당하다 숨진 허위나 이강년 선생 같은 순국선열들은 오늘 우리가 이렇게 살고 있는 모습을 상상이나 했을까 하는 생각을 해봅니다. 잠시 형무소 건물 앞에 서서 오늘날의 '장한 대한민국'을 만든 그분들의 희생정신을 떠올리다 보면 절로 옷깃을 여미게 됩니다.

경성감옥(옛 서대문형무소)의 전경

서대문형무소 역사관 모습

왜 무덤을 두 번이나 옮겼을까?

일제강점기에 많은 독립운동가들은 고향을 떠나 국외로 망명하여 활동했습니다. 늘 고향을 그리워했지만 결국 돌아오지 못하고 이국 타향에 묻힌 경우가 셀 수 없이 많지요. 나라를 되찾고도 수십 년이 지나고 나서야 우리는 외국 땅에 잠든 분들의 유해를 조국으로 모셔오기 시작했어요. 지금까지 우리 땅으로 유해를 모셔온 독립운동가들은 140여 분입니다. 이처럼 외국에서 돌아가신 후 그 묘가 옮겨지는 건 너무나 당연하지만, 국내에서 돌아가신 독립유공자 가운데 묘소를 두 번이나 옮긴 분이 있습니다. 바로 구한말 의병장으로 크게 이름을 날렸던 운강 이강년 선생입니다. 무슨 사연 때문에 운강 선생의 묘소가 두 번씩이나 옮겨져야 했을까요?

1908년 7월 청풍 까치성 전투에서 운강은 일본군의 총에 맞고 현장에서 붙잡힙니다. 그는 교수형을 선고받고 1908년 10월 13일, 51세로 생을 마감하는데요. 선생은 순국 전 큰아들 승재에게 "종가에 고하여 묏자리 한 곳을 효령대군 묘역 옆에 정할 수 있도록 청하여라"라고 유언합니다. 자신의 선조 곁에 묻어 달라고 하며 평상시 입던 옷 그대로 매장하라는 말도 남깁니다. 그의 시신은 유언대로 지금의 서울 서초구에 있는 효령대군 묘 옆에 임시로 매장되지요. 운강의 주검은 두 달 뒤 제천 유림과 동지들에 의해 제천 두학동으로 옮겨집니다. 하지만 당시 일본군들은 툭하면 독립투사의 묘를 파헤쳐 버리는 몹쓸 짓을 아무렇지 않게 저질렀습니다. 또 묘를 돌봐야 할 선생의 후손들은 일제에 재산을 다 빼앗긴 데다가 수배령까지 내려져 있어서 몸을 이리저리 피해 다녀야 할 처지였어요.

서울 서초구 효령대군 묘 인근의 서리풀 공원　　　효령대군 묘역

이를 안타깝게 여긴 경북 상주 유림들은 일제 말기에 운강의 시신을 몰래 수습해서 다시 상주로 모셔왔습니다. 운강 선생의 묘소는 지금도 상주시 화북면의 깊은 산 속에 자리하고 있지요. 왜 그분의 묘소를 두 번씩이나 옮겨야 했는지 궁금해지지 않나요? 또 상주 지역의 유림은 일제에 잡히면 자신들의 목숨까지 위험할 수도 있는 상황인데 왜 무덤을 옮겼을까요? 그것도 가족이 아니고 남이나 다름없는 사람들이 말이죠.

그 의문에 대한 답은 무엇보다 운강 선생이 '충(忠)'과 '의(義)'를 상징하는 인물이었기 때문일 겁니다. 충의는 유림에게 가장 큰 덕목이 있어요. 그가 충과 의를 몸소 보여준 인물이었으니 그 존경심으로 무덤을 옮기는 위험한 일을 머뭇거리지 않고 택했던 것이죠. 선생의 후손들이 일제의 탄압으로 고향을 떠나게 된 것도 묘소를 옮긴 이유로 들 수 있습니다. 후손들의 안타까운 사정을 알게 된 상주의 유림이 선뜻 나서게 된 것이지요. 또 선생의 시신을 제천으로 옮긴 것은 그가 제천 의병의 상징적 인물이었기 때문입니다.

경북 상주에 있는 이강년 선생의 묘

운강 이강년 선생

  운강 선생은 을미사변과 단발령이 내려진 1895년부터 1908년 순국할 때까지 제천을 중심으로 한 중부지역에서 많은 공을 세웠습니다. 특히 뛰어난 전술과 유격전으로 강한 리더십을 보인 선생은 우리나라 의병 활동의 대표적인 인물로 손꼽힙니다. 아직까지도 유림은 이강년 선생을 정신적인 지주로 여기고 있지요. 그들은 계를 조직해 백 년이 넘도록 고인의 묘소를 관리하고 있습니다. 상주 지역 유림단체를 중심으로 지금도 선생의 구국헌신의 정신을 기리면서 묘소를 돌보고 있는 것이지요.

살아서는 말할 것도 없고 죽어서까지 탄압을 받았던 애국지사들의 슬픈 삶을 생각하니 안타까움이 쉽게 가시지 않습니다. 그런 애국지사들 가운데서도 운강 선생은 일본에는 원한이 맺힌 인물이었지만 유림에게는 그만큼 존경받는 인물이었습니다. 그런 이유 때문에 선생의 묘를 두 번이나 옮길 수밖에 없었던 거죠. 우리의 전통 사상인 충(忠)과 의(義)를 목숨으로 지켜낸 운강 이강년. 그의 고귀한 정신은 지금도 많은 사람의 마음속에 살아 숨 쉬고 있습니다.

한국과 베트남 의병장의 꼭 닮은 삶

············

   베트남 역사를 들여다보면 우리와 너무나 비슷한 역사적 경험을 거쳤다는 사실에 깜짝 놀라게 됩니다. 두 나라 모두 '거대 제국' 중국과 국경을 마주하면서 살아오다 보니 중국의 침략을 수도 없이 받았습니다. 한나라 무제는 한반도에 한사군을, 베트남에는 한구군을 두었습니다. 또 당나라는 고구려를 손에 넣은 후 안동도호부, 북베트남을 무너뜨린 뒤에는 안남도호부를 각각 설치했지요. 두 나라는 똑같이 중국 왕조와 책봉과 조공 관계를 맺었고, 중국에서 건너온 유교를 지배이념으로 삼았습니다. 이를 바탕으로 19세기 제국주의 열강에 맞서 싸운 역사도 빼닮았고요. 거기에 또 하나 신기하게 닮은 점이 있는데요. 그것은 바로 의병 활동입니다.

   우리나라는 일본의 식민지가 되었고 베트남은 우리보다 앞선 1887년에 프랑스의 식민지가 되었어요. 두 나라에서는 제국주의 침략 시기에 민중들이 스스로 나라를 구하기 위해 의병을 일으켰습니다. 침략자들에 맞서 싸운 두 나라의 대표적인 의병장 이강년(1858년~1908)과 쯔엉딘(1820~1864)은 신기할 정도로 그들의 조국처럼 매우 닮은꼴 삶을 살았습니다. 이강년 의병장은 무과에 급제해 선전관을 지내다가 1895년 명성황후 시해와 단발령 사건이 잇따라 터지자 고향인 문경에서 의병을 일으켰습니다. 그는 일본군과 맞서 뜻깊은 승리를 여러 차례 거두기도 했지만, 결국 붙잡혀 교수형을 당하고 말았습니다. 우리가 그의 의병활동에서 눈여겨봐야 할 것은 그가 유생은 물론 농민, 심지어 천민으로 취급받던 산포수 포섭에도 발 벗고 나서서 무려 4천 명이나 되는 의병들을 모은 점이에요. "양반, 상놈, 노비 따지지 말고 힘을 한데 모으자"라는 그의 '합력(合力)' 정신이 빛을 발한 결과였습니다. 이런 통합정신과 엄격한 군율로 무장했기 때문에 이강년 부대는 30여 차례의 크고 작은 전투를 승리로 이끌게 되었지요.

베트남의 쯔엉 딘도 프랑스군에 가장 큰 피해를 준 의병장으로 손꼽힙니다. 지방 관리로 일하던 그는 1859년 프랑스가 침략하자 부하들을 이끌고 의병 활동에 나섰습니다. 그는 유학자, 관료 그리고 다른 의병장들과 손잡고 빠른 속도로 세력을 넓혀 나갔습니다. 쯔엉 딘도 이강년과 마찬가지로 '합력 정신'을 내세워 6천 명이 넘는 의병들을 끌어모았는데요. 산악 지형을 이용한 게릴라전과 뛰어난 용병술로 여러 번 승리를 거둔 그는 지역 사령관인 '란 빈'직에 임명되었습니다. 이는 이강년 의병장이 고종에게서 '도체찰사'의 명을 받은 일과 비슷합니다. 도체찰사는 군의 사령관에 해당하는 높은 직책이에요. 두 사람이 이끈 민간 의병부대는 똑같이 임금에게 인정받은 '황제의 군대'라는 명분을 얻게 된 셈이죠. 쯔엉 딘과 이강년 의병장 모두 침략군에 끝까지 저항하다가 체포되어 처형당해 생을 마감한 것도 같습니다. 두 사람이 아들들도 똑같이 아버지들의 뒤를 따라 의병 항전을 이어가는 기개를 보였고요.

이와 같이 우리보다 일찍 식민지배에 놓인 베트남의 순국열사 쯔엉 딘의 처절한 삶은 40여 년이 지나 한반도에서 데자뷔처럼 되풀이되었습니다. 하지만 닮은꼴은 여기까지였습니다. 식민지배 이후의 역사는 달라도 너무 달랐어요. 똑같이 남북 분단을 맞았지만 베트남은 미국과 중국을 차례로 물리치고 통일을 이룬 반면 우리는 아직도 갈라진 상태에 머물러 있습니다. 이 땅의 순국자들이 목숨 바쳐 희생한 의미는 빛바랜 지 오래지요. 이뿐만 아닙니다. 역사를 대하는 자세에도 두 나라는 큰 차이가 납니다.

베트남 의병장 쯔엉 딘

프랑스의 베트남 침략 전쟁 기록화

베트남은 전국 각 도시의 거리 이름을 역사 속 인물들의 이름을 따서 지어 거리 이름만 알아도 베트남 역사를 이해할 수 있을 정도입니다. 역사 속 인물들에 대한 존경심은 학교와 공공기관 그리고 다리의 이름으로, 심지어 호텔 이름으로도 이어집니다. 거기에 사당이나 동상, 그리고 기념관까지. 도시 곳곳이 영웅들의 이름과 그들의 이야기로 가득 차 있지요. 쯔엉 딘의 경우에도 남부 꼬공에 그의 사당과 기념관이 있고 호찌민시에는 쯔엉 딘 대로가 도심 한복판을 가로지르고 있습니다. 베트남 역사학자들은 베트남군을 쯔엉 딘의 계승자라고 칭송하고 있고요.

베트남에 비해 우리의 모습은 초라하기만 합니다. 대한민국에서 겨우 삼십 분 남짓한 건국훈장 최고 등급의 수훈자이신 이강년 의병장의 경우에도 향리에 기념관 하나 달랑 세워져 있을 뿐이죠. 선생의 정신을 기리는 조그마한 행사라도 하나 하려면 관청을 들락거리며 머리를 조아려야 하고요. 그나마 쥐꼬리만 한 예산이라도 쥐여 준다면 감지덕지할 따름이지요.

쯔엉 딘과 남부 고꽁에 있는 그의 사당

호찌민시의 쯔엉 딘 대로와 팻말. 운강 선생이 태어난 문경시에도 그의 이름이나 호를 따서 지은 거리 이름이 없다.

'살아서는 같지만 죽어서는 다른 삶'

우리가 다른 나라의 과거 역사를 배우는 것은 현재의 차이를 극복하고 더 나은 미래를 열기 위해서입니다. 이강년과 쯔엉 딘 두 의병장의 살아서는 같지만 죽어서는 다른 삶을 통해 역사를 바라보는 우리의 시각을 한빈도에서 세계로 넓혀 나가고 그 차이를 깊이 되새기는 세기가 되면 좋겠습니다.

의병전쟁의 선봉장

이강년

1858년 음력 12월 30일(양력 1859년 2월 19일) 경상북도 문경 출생

1866년 부친 이기태 별세

1877년 안동 김씨와 혼인

1880년 무과에 급제. 종6품에 임용

1881년 맏아들 승재 출생

1884년 갑신정변 후 사직하고 낙향

1895년 가을 동학농민전쟁, 청일전쟁 발발

1896년 2월 23일 거병하여 안동 관찰사 처단

　　　　3월 14일 유인석이 이끄는 호좌의진 유격장이 됨

　　　　3월 19일 수안보 전투 등 의병 활동 수행

　　　　8월 23일 제천의진 해산. 이후 의진을 해산하고 단양에 은둔

1897년 스승 유인석을 찾아 간도를 탐방

1904년 러일전쟁 발발

1905년 11월 17일 을사늑약 체결

1907년 3월 의병을 다시 일으킴

　　　　4월 15일 단양 전투에서 패전하여 부상 입음

　　　　7월 광무황제 퇴위

8월 대한제국 군대 강제 해산

8월 15일 제천 천남 전투 승리

8월 23일 충주성 공격, 문경읍 장악

9월 10일 문경 갈평 전투 승리, 이후 청풍의병장 조동교 처단

10월 6일 영월 전투

10월 22일 신림 싸리재 전투

11월 11일 순흥 공략 이후 북상

12월 전국의병연합체인 13도창의대진소에 참여

1908년 1월 13도창의군 서울 진공전

1월 가평 화악산 도착 후 남하하면서 전투

1월 12일 백담사·오세암 전투

5월 16일 봉화 서벽 전투

5월 18일 내성 전투

6월 4일 재산 전투

7월 2일 청풍 까치산 전투에서 피체

9월 22일 경성공소원에서 교수형 선고

10월 13일 서대문형무소에서 51세로 순국.

　　　　　　　남태령 효령대군 묘역에 임시로 매장

12월 충북 제천으로 이장. 그 후 경북 상주로 이장

1916년 운강 선생 유고 필사본 『창의사실기』 편찬

1948년 『운강선생창의일록』 목활자본 간행

1949년 『운강선생문집』 목활자본 간행

1962년 3월 건국훈장 대한민국장 추서

애국지사 '스토리 평전'

최후의 아나키스트

원심창

그가 시신 처리를 도맡은 이유

세계의 경찰국가를 자처하는 미국은 제2차 세계대전 때 7만2천, 한국전쟁 때 7천5백, 베트남전쟁 때 1천6백여 명 등 현재 8만1600명의 미군 실종자를 찾고 있습니다. 미국은 자기들의 군대가 파병되어 싸웠던 나라들을 샅샅이 뒤져서 전사한 미군의 유해를 찾아옵니다. 2021년 8월 미군은 53년 전 베트남전에서 실종된 공군 소령 애벌리스의 유해를 해저 로봇을 동원해 바닷속에서 찾아내 미국으로 귀환시켰습니다. 유해를 거두는 일은 수습한다고 하지요. 미국 정부는 10년, 20년, 아니 100년이 걸려도 그리고 그곳이 어디든 상관하지 않고 유해 수습을 계속할 것입니다. 지금도 한국전쟁에 참전한 미군들의 유해 발굴 작업이 계속되고 있고 베트남, 캄보디아는 물론 북한에까지 들어가서 시신을 수습하는 걸 보면 미국의 단호한 의지를 잘 알 수 있습니다.

나라를 위해 희생한 이들에 대한 예우는 이래야 하는 것 아닐까요. 애국자가 애국자로 대접받지 못한다면 우리는 후손에게 '애국애족'을 가르칠 수 없을 테니 말이죠. 그렇다면 우리의 현실은 어떨까요? 3·1 만세운동 이후 우리 독립운동은 국내에서 벗어나 중국과 일본은 물론이고 전 세계를 무대로 펼쳐졌습니다. 그러는 사이에 만주 벌판과 미주,

애벌리스 미 공군 소령과 1967년 베트남전쟁 당시 해저에 수장된 그의 유해를 찾아낸 첨단 해저 로봇

유럽 대륙에서 수많은 독립운동가들이 이름도 없고 흔적도 없이 돌아가셨습니다. 해외에서 아무 연고 없이 돌아가신 분들의 시신은 제대로 수습되지 못한 채 방치되어 있는 것 또한 현실이고요. 너무나 안타까운 일이죠.

　그런데 여기 독립운동가들의 유해 수습에 앞장선 특이한 경력을 지닌 분이 있습니다. 박열 의사의 일본인 처인 가네코 후미코와 윤봉길, 백정기, 이봉창 의사의 시신을 거둔 인물. 바로 원심창 선생입니다. 선생은 일본과 중국에서 치열한 항일 무장투쟁을 펼쳤지요. 1926년 7월 23일, 박열과 함께 구속되었던 그의 아내 가네코 후미코가 우쓰노미야 형무소에서 이유를 알 수 없이 사망했는데요. 그 소식을 들은 선생과 동지들은 목검을 차고 형무소로 달려가 가네코 후미코가 왜 죽었는지 밝히라고 따지면서 시신 인도를 요구했습니다. 7월 31일 새벽 후미코의 가족과 원심창 등 흑우회 회원 10여 명은 형무소 공동묘지에서 그의 유해를 찾아내어 화장한 다음 유골을 수습했어요. 그리고 박열 선생의

박열 의사와
가네코 후미코(1927)

박열 의사의 고향인 경북 문경에 안장된
가네코 후미코

고향인 경북 문경에 안치했습니다.

원심창 선생의 활약은 여기서 그치지 않았습니다. 해방 직후에 그는 다른 일을 제쳐두고 일본 가나자와에 있다는 윤봉길 의사의 무덤을 찾아 나섰습니다. 공동묘지라서 무덤의 정확한 위치를 알 수 없었죠. 마을 주민들도 입을 맞췄는지 며칠째 모르쇠로 일관했고요. 참다못한 선생이 "그러면 마을의 무덤을 다 파헤쳐 버리겠다"라고 소리를 지르자 그제야 주민 대표가 한밤중에 한 무덤에 패를 꽂아 두었다고 합니다. 일본인들은 원심창 선생 일행의 간청을 며칠 동안 들은 척도 하지 않다가 사태가 심상치 않게 돌아가니까 마지못해 윤봉길 의사의 무덤을 알려 주었던 겁니다.

이 일화는 선생이 애국선열의 무덤을 찾기 위해 얼마나 노력했는지, 또 어떤 일을 추진하는 데 있어 얼마나 강인한 정신력을 발휘했는지를 보여주는 대목이죠. 그 일이 있고 나서 얼마 뒤 그는 형무소 뒷산

2003년에 공개된 백정기 의사 유해 발굴 사진(출처: 연합뉴스)

에 방치되어 있던 백정기 의사의 무덤을 어렵게 찾아냈어요. 백정기 의사는 중국 상하이에서 중국 주재 일본 공사 아리요시를 암살하려다가 붙잡혀 옥중 순국한 인물입니다. 일본 도쿄에서 일왕에게 수류탄을 던진 이봉창 의사의 유해도 그와 재일 한인 청년들이 나서서 어렵게 수습했습니다. 세 분 의사의 유골은 조국으로 돌아와 1946년 7월 6일, 5만 군중의 애도 속에 국민장으로 성대히 치러졌습니다. 현재 효창공원에 있는 삼의사 묘역에는 이처럼 원심창 선생의 헌신적인 시신 수습 이야기가 숨겨져 있는 거죠.

그는 왜 애국지사들의 시신 수습에 앞장섰을까요? 선생과 오랫동안 함께 활동한 사람들의 기억을 통해 그 이유를 찾을 수 있습니다. "원심창이라는 존재 자체가 격려가 될 정도로 굉장한 인품을 지녔어요", "참 착한 신사였지요. 너무 잘나서 다 같은 사람이 아니라고 생각했어요" 선생의 성격이 참 맑았다는 얘기입니다. 선생은 아무리 어려운 상황에서도 주변 사람들을 늘 따뜻하게 대해 출중한 인격자로 존경받았습니다. 단순한 독립운동가가 아닌 '맑은 영혼을 지닌' 휴머니스트였던 것이죠. 남들이 꺼리는 시신 수습을 도맡아 한 이유가 바로 여기에 있지 않았을까요.

　우리에게는 아직도 조국에 돌아오지 못하고 있는 애국선열들이 많이 있습니다. 최근에는 해외에서 활동하던 독립유공자들의 유해를 기회가 닿는 대로 국내로 모시는 일이 자주 있었지요. 얼마 전에는 홍범도 선생도 국내로 모셔왔고요. 힘없고 눈물 많은 땅에서 한 많은 삶을 보낸 많은 독립영웅의 영혼을 위로한 원심창 선생의 뜻을 다시 한번 가슴에 새겨 봅니다. 저세상에서라도 그분들이 이 땅에 태어난 것을 억울해하지 않도록 '마지막 한 분의 애국지사 영혼까지, 끝까지 찾아서 가족의 품으로 돌아갈 수 있도록'하는 것이 오늘 우리들의 책임이자 숭고한 사명이라고 생각합니다.

흑색공포단과 젊은 그대

·····························

　우리 독립운동사에서 무력항쟁을 펼친 단체들을 살피다 보면 소름이 돋을 정도로 무시무시한 이름들을 만나게 됩니다. 만주에서 일제의 조선은행 자금을 탈취한 철혈광복단(鐵血光復團)이나 상해에서 활동한 의열 단체인 살왜단(殺倭團)과 상해혈맹단(上海血盟團) 그리고 1919년 인천에서 결성된 혈성단(血誠團)과 같은 단체들입니다. 요즘 세상에 단체 이름에 '피 혈' 자가 들어간다면 사람들이 근처에나 갈까요? 헌혈 단체라면 몰라도요. 당시에는 피로 투쟁을 맹세하고 피로써 일제를 끝장낸다는 의지를 단체 이름에 담았던 것이겠지요. 우리의 독립운동가들이 일제를 향해 '우리는 무서운 인간들'이라는 위협을 주려는 선전적인 의미도 포함되어 있었을 겁니다. 항일 아나키스트 조직인 흑색공포단이란 이름 역시 마찬가지예요. 흑색은 체제에 대한 저항, 거부, 분노를 뜻하는 아나키즘의 상징 색깔이며 공포단은 말 그대로 적에게 공포심을 갖게 하려는 강력한 항전 의지가 담긴 말입니다. 그렇다면 과연 그들은 그 공포스럽고 위협적인 조직의 이름에 걸맞은 어떤 일을 벌였을까 궁금하지 않나요?

텐진 빅토리아 공원 맞은편에 위치한 일본 총영사관저　　텐진영사관 폭탄투척 사건 기사
(조선중앙일보)

　흑색공포단의 활동은 1930년 4월, 중국 상하이에서 조직된 남화한
인청년연맹에서 시작되었습니다. 남화연맹은 무정부주의 단체로 절대
자유와 평등사회의 건설을 목표를 내세웠어요. 첫 발걸음을 떼었다고
는 하지만 사실상 유명무실한 상태였죠. 이를 제대로 된 단체로 만들
겠다는 꿈을 품은 한 혈기왕성한 아나키스트가 일본을 떠나 상하이에
도착했어요. 그의 이름은 원심창이었습니다. 그는 연맹 사무실을 자
신의 거주지에 두고 조직과 사무 일체를 맡았지요. 그리고 5개월 뒤인
1931년 11월, 흑색공포단이 조직되었죠. 단원들은 곧바로 텐진 항구에
정박한 일본군 수송선에 폭탄을 던졌고 텐진 일본 영사관저와 병영을
폭파한 데 이어 일제와 미국의 관계 악화시키기 위해 미국 총영사 암살
을 시도했습니다. 상하이의 일본 주둔군 병영과 일본 총영사관저 폭탄
사건도 일으켰고요. 잇단 투탄 의거, 요인 암살 시도, 친일파와 밀정 처
단 등 이들이 거침없는 행동은 일제 경찰과 군대를 저외 공항 상태에
빠뜨렸습니다.

이처럼 흑색공포단이 이름에 걸맞은 항쟁을 펼친 데는 원심창 의사가 일본에서 아나키스트 조직을 운영하며 정보를 수집하고 거사를 기획한 경험이 있었기 때문입니다. 그는 "일본 제국주의를 타도하는 일은 우리 무정부주의자의 당연한 길이며, 또 의무이다"라며 침체된 조직에 활력을 불어넣었어요. 또 자신이 의열항쟁에 직접 나서서 일본 공사 아리요시를 처단할 계획도 세웁니다. 비록 사전에 정보가 새나가는 바람에 거사는 실패로 돌아갔지만 그 사건이 몰고 온 후폭풍은 엄청났습니다. 다음 날 많은 중국 언론에서 육삼정 의거를 대대적으로 보도했으니까요. 이 보도를 통해 일제와 중국 장제스 측의 밀약 교섭이 발각되었고 흑색공포단은 또다시 사람들의 관심을 끌게 됩니다.

이 단체의 이름과 관련된 얘기로 다시 돌아가 볼까요. 여기에는 흥미로운 주장이 있습니다. 흑색공포단이라는 이름은 일본 측 공안 기록에 자주 등장하는데요, 그 이유는 일제가 '조선인 아나키스트는 악랄

아리요시 아키라(1876~1937)
주중 일본 공사

일본 〈나가사키 일일신보〉의 육삼정 의거 재판 기사. 기사 제목에 흑색공포단이 나온다.

역사는 스토리다 / 독립영웅을 만든 장면 50

한 범죄자라는 인식을 퍼트리기 위해서라는 것입니다. 사실 이 단체는 정식 단체가 아닌 남화한인청년연맹의 행동대에 불과했어요. 그런데도 일제는 이를 흉악한 범죄 조직으로 몰아세우기 위해 흑색공포단이라는 무시무시한 이름을 일부러 자주 사용했다는 거죠. 원래 일본 제국주의자들은 거짓말을 그럴듯하게 꾸며대는 재주가 뛰어났습니다. 관동대지진 때는 조선인들이 우물에 독약을 넣어 일본인들을 죽이려 한다고 선전했고, 태평양전쟁 때는 한술 더 떠 미군이나 영국군 등 연합군은 짐승들과 같아 일본인들을 보는 대로 잡아 죽이니 피하거나 자결하라고 강요했습니다. 어떤 상황에서라도 자기에게 유리하게 거짓을 지어내는 데 일본을 따라갈 나라가 없을 듯합니다. 그때나 지금이나 그런 교활하고 잔학한 버릇은 고쳐지지 않겠지요.

"진정으로 독립을 원한다면 피를 흘릴 각오를 하며 준비하고 결정적인 순간이 왔을 때 한순간의 망설임도 없이 결행하라" 흑색공포단의 젊은이들은 일제의 기관 파괴, 요인 암살, 일제 부역자와 밀정 처단에 나서 일제를 두렵게 했던 열렬한 독립운동 최일선의 전사들이었습니다. 아무리 일제가 그들에게 흉악범과 악당 이미지를 덧씌우려 해도 그들의 의기는 꺾이지 않았지요. 그들에게는 어떤 상황에서도 평상심을 잃지 않고 오로지 한 가지 목표, 조국의 독립만을 위해 한 치의 흐트러짐도 보이지 않았던 원심창 선생이 있었습니다. 그래서 그들은 모든 것이 부족하고 힘든 상황이었지만 광복이 이루어지는 순간까지 독립을 위한 숭고한 싸움을 멈추지 않았습니다. 원심창 선생은 가장 순수하고 열렬한 의지로 독립운동을 빛낸 주인공이었습니다.

목숨을 건 놀이, 제비뽑기

제비뽑기 이미지

제비뽑기라는 놀이는 다들 아시죠. 주로 운에 맡기는 놀이이며 승부를 빠르고 쉽게 내고 싶을 때 쓰는 방법이기도 하죠. '제비'는 본래 '접이'였다고 해요. 종이에 내용을 적어놓은 뒤 접어놓고 섞어서 뽑게 한 데서 '접이'라고 부른 거지요. 이것이 '접이'가 되고 이를 소리 나는 대로 적어서 결국 '제비'가 된 것이라고 합니다. 오래전부터 전 세계 많은 사람이 즐겨 해 온 놀이이고 스마트폰이 나온 뒤에는 어플로도 만들어져 간편하게 할 수 있습니다. 그런데 우리 독립투쟁의 역사에서 이 놀이가 심심치 않게 등장합니다. 일본 제국주의자를 처단하기 위한 행동 대원을 정할 때 주로 이 방법을 썼어요. 지원자가 아무도 나서지 않아 '제비'를 통해 뽑았을 거라는 생각이 들지요? 아니에요. 거꾸로 지원자가 너무 많아서 추첨으로 행동대원을 정할 수밖에 없었다고 합니다. 1933년 3월 중국 상하이에서도 그와 같은 일이 벌어졌습니다.

아나키스트 단체인 흑색공포단에서 상하이 주재 일본 공사를 저격할 계획을 세웠습니다. 이 단체에 속한 한인 단원 20여 명이 서로 그 일을 맡겠다고 나섰죠. 일제에 붙잡히면 당연히 사형에 처해진다는 것을 모르지 않았지만 서로 그 일을 하겠다고 나선 것이지요. 정말 눈물겨운 장면입니다. 결국 제비를 뽑아 거사자를 정했는데, 그 행운 아닌 행운은 백정기(1896~1934)와 이강훈(1903~2003) 의사 두 사람에게 돌아갔죠. 그리고 원심창 의사에게는 거사 현장까지 동행하는 임무가 주어졌어요. 세 사람은 거사 장소인 육삼정이라는 일식 요리집을 직접 답사하고 몇 차례 예행연습까지 마쳤어요. 하지만 사건 당일 육삼정에서 2백 미터 떨어진 건물 2층에서 때를 기다리던 중에 일제 경찰에 붙잡히고 말았습니다. 종업원으로 변장한 일본 경찰들이 미리 잠복하고 있었던 거죠. 총 한 번 쏴보지 못하고, 수류탄 한 번 던져보지 못하고 삼 의사의 독립항쟁은 그렇게 마침표를 찍게 되는 진한 아쉬움을 남겼습니다.

그런데 육삼정 의거 당시 제비뽑기 당첨자는 미리 정해져 있었다는 주장이 나옵니다. 누군가가 '제비'에 알 수 있도록 표시를 해 놓았다는 것이에요. 이강훈 의사는 "제비뽑기에 자신과 백정기 의사만 알아볼 수 있는 표시를 했다"라는 증언을 남겼습니다. 제비를 여러 개 만들어 모자에 넣고 뽑는 것처럼 하되, 두 사람이 당첨되도록 사전에 조작했다는 얘기예요. 표시한 것이 어떤 것인지 모르게 해야 한다는 규칙을 악용한 건데요. 왜 그런 일이 벌어졌을까요? 백정기와 이강훈 두 사람은 원심창 의사와 한집에 함께 살면서 늘 호흡을 맞춰오던 사이였어요. 무엇보다도 무정부주의 조직에서 권총과 폭탄을 넘겨받아 훈련한 사람들도 바로 이 두 사람이었죠. 그래서 이들의 팀워크를 믿고 의도적으로 제비뽑기에서 뽑힐 수 있도록 미리 정해 놓았던 것으로 전해집니다. 또 당시 백정기 의사가 폐암 말기에 접어든 상태였다는 사실도 고려했다고 해요. 시한부 삶을 살고 있었던 것이죠. 그는 거사를 앞두고 "저승에서 만납시다"라는 작별 인사를 남겨 동지들을 눈물짓게 했습니다. 백 의사는 1년 뒤 감옥에서 숨을 거두고 맙니다.

"줄을 서시오!"

전 세계 독립항쟁사에서 목숨을 내놓는 일에 먼저 죽겠다는 사람이 너무 많아서 제비뽑기로 줄을 세운 경우를 찾아볼 수 있을까요? 그만큼 우리 독립투사들은 조국 해방을 위해 언제든지 목숨을 바칠 각오가 되어 있었던 겁니다. "조국을 위해서라면 내가 뽑혀야 한다"라는 숭고한 절박함. 그들은 조국 앞에서 죽음조차 두렵지 않았던 것이죠.

육삼정 의거로 체포된 당시 모습. 왼쪽부터 백정기 원심창 이강훈 의사.

역사는 스토리다 / 독립영웅을 만든 장면 50

과거 중동에서 전쟁이 벌어졌을 때 이스라엘 민족은 외국에 살면서도 조국을 위해 싸우겠다고 귀국길에 올랐다는 얘기가 유행처럼 들렸던 적이 있어요. 그 얘기를 들을 때마다 은근히 부러운 마음이 들기도 했지요. 그런데 우리 역사를 살펴보면 우리가 먼저 오래전에 그런 감동적인 장면을 실천하고 있었던 것을 알 수 있습니다. 더욱더 감동인 것은 죽음이 확실한데도 그렇게 앞으로 나섰다는 것 아니겠어요. 우리가 심심풀이로 하는 제비뽑기 놀이에는 이처럼 처절하지만 감동적인 항일투쟁 역사의 한 장면이 숨어있답니다.

효창공원 삼의사 묘역에 안장된 백정기 의사

"생각이 같으면 조국은 하나다"

조선시대에 백정은 소나 개, 돼지 따위를 잡는 일을 직업으로 하는 사람을 말하는데요. 신분이 낮은 천민이라 무시만 당하는 정도가 아니라 아예 사람으로 취급을 받지도 못했습니다. 일제강점기에 조선의 백정들은 차별을 없애고 인간다운 삶을 쟁취하기 위해 '형평사'라는 단체를 만들었어요. 그들은 일본의 가장 낮은 계층인 부락민들과 대한해협을 오가며 활발한 교류를 펼쳤습니다. 1924년 일본 부락민 단체가 형평사 대회에 보낸 축하 메시지에는 "노예 상태를 떨쳐내는 깃발을 높이 들고 함께 진군하자"라고 적혀 있습니다. 두 '불순' 단체가 점점 가까워지자 일경의 감시도 덩달아 심해졌지요. 그러나 이에 아랑곳하지 않고 그들은 '동지'로서 끈끈한 유대감을 이어갔습니다.

1929년 식민지 시대를 통틀어 가장 큰 노동운동이었던 원산총파업 때는 일본 노동자들이 조선의 노동자들을 지원한 적이 있습니다. 일본의 관동노동지회와 금융노조가 파업 지지 모금 활동을 펼쳤고 일부 일본인 선원들도 이 파업을 응원했다고 하지요. 당시 파업 현장을 목격한 항일투쟁가 김학철(1916~2001)은 "원산항에 정박한 일본 배들이 일제히 뱃고동을 울리며 조선 노동자들의 파업 투쟁을 응원했어요. 파업 노동자들은 일본 선원들의 난데없는 '뱃고동 응원'에 크게 고무되었지요"라고 회고했습니다. 일제강점기에도 조선과 일본의 힘없는 약자들은 동병상련의 심정으로 하나가 되었던 거죠.

원산총파업 당시 모습

조선의용대 분대장 출신의 항일투사
김학철 선생

　한일 간의 민중운동 가운데 가장 강력한 결속력을 보인 집단은 아나키스트들이었어요. 아나키스트는 무정부주의자들로 일체의 권력을 부정하고 노동자들의 해방과 인간의 자유를 외치는 사람들입니다. 그들은 "사상이 같으면 조국은 하나"라며 끈끈한 동지애로 뭉쳤습니다. 한국과 일본의 아나키스트들에게 일본 제국주의는 공동의 적이었죠. 한일 아나키스트 연대 활동을 펼친 대표적인 인물로 독립운동가 원심창 선생이 손꼽힙니다. 1925년 일본으로 건너간 선생은 이듬해 일본인으로 구성된 흑색청년연맹에 가입해 한일 공동전선을 만들었어요. 또 독립운동가 박열 의사가 만든 아나키스트 단체인 흑우회에서도 활동했고요. 원심창 선생은 그곳에서 주로 언론 출판을 통한 투쟁을 펼쳤습니다. 흑우회는 〈불령선인〉, 즉 '말 안 듣는 조선인'이란 잡지를 펴냈는데 일제는 잡지 이름의 사용을 금지시켰다고 해요. 그래서 다시 〈괘씸한 조선인〉으로 이름을 바꾸어 잡지를 만들었습니다. 잡지 이름에서 스스로 자조적이며 모욕적인 단어들을 선택한 것은 그만큼 일제 당국으로부터 혹독한 탄압을 받고 있다는 현실을 비꼰 것이지요.

1924년 4월 24일 경남 진주에서 백정들이 중심이 되어 만든 조선형평사의 대회 포스터. 형평사의 '형'은 저울, '평'은 공평하다는 의미로 평등한 세상을 만들자는 뜻을 담았다.

원심창 선생은 "우리 무정부주의자에게 주의(主義)를 위해 죽는 것은 본래부터 바라던 바이다"라며 투쟁 대열에 앞장서는 것을 두려워하지 않았어요. 선생은 1년 반 남짓한 기간에 네 차례나 일경에 체포될 정도로 치열하게 활동했습니다. 원심창 선생과 아나키스트 동지들은 그처럼 의지가 굳고 열정이 뜨거웠어요. 하지만 한일 연대 투쟁에는 허점도 있었습니다. 일본 경찰은 뜻이 같으면 진심으로 대하고 비밀도 털어놓는 아나키스트들의 성향을 이용해 오키라는 일본인을 첩자로 조직 내에 침투시켰어요. 일경이 그들의 성향을 역이용한 것은 그만큼 한일 아나키스트들의 연대 의식이 투철했다는 사실을 반증하는 거죠.

비밀결사 단체 '불령사' 단원들

1923년 한국과 일본 아나키스트들이
만든 아나키스트 국제 연대를 상징하
는 로고

　훗날 원심창 의사가 주도한 상하이 육삼정 의거가 실패한 것은 오키 때문이었습니다. 오키는 거사 정보를 일본 경찰에 넘겼어요. 아나키스트를 자처한 오키가 한인 동지들을 함정에 빠뜨려 원심창과 두 의사의 독립항쟁에 마침표를 찍게 했던 것이죠. 역사에 가정은 없다지만 첩자였던 오키만 없었다면 육삼정 의거는 성공할 수도 있었을 것이고 우리 독립운동 역사에도 후련한 한 페이지가 덧붙여졌을 테지요. 그런 생각을 하니 안타까운 마음을 추스르기 힘듭니다.

　암울한 식민지 시대에 조선과 일본의 하층민들은 제국주의의 탄압에 함께 저항했습니다. 한일 아나키스트들도 마찬가지였지요. 공동의 적에 맞서 '을과 을'의 연대가 이뤄졌고 그 중심에 원심창이라는 조선인 아나키스트가 버티고 있었습니다. 원산항에서 일본인 선원들이 식민지 노동자들을 응원하는 '희한한' 광경을 목격한 김희칠 선생은 훗날 일본군과 교전하다가 총상을 입어 한쪽 다리를 잘라내고도 "일본은 미워하되 일본인을 미워하지 않는다"라는 생각을 갖게 되었다고 해요. 일제 침략자를 처단하려다 붙잡혀 15년이나 감옥 생활을 한 원심창 의사는 어떤 생각을 했을까요. 일제강점기에 나라는 다르지만 같은 사상을 지닌 형제라는 이념으로 뭉친 젊은이들, 이들이 품었던 '생각이 같으면 조국은 하나'의 이상은 지금 공정하고 평등하며 정의로운 사회를 꿈꾸는 우리 청년들에게도 큰 울림을 준다고 생각합니다.

한 일본인 시인의 '충격적인' 시

우에무라 타이

우리에게는 생소한 이름이지만 일본인 아나키스트 가운데 우에무라 타이(1903-1959)라는 시인이 있습니다. 그의 작품 속에 전개되는 제국주의 침략에 대한 비판은 어느 조선인 저항 시인의 그것에 견주어도 뒤지지 않습니다. 그는 일본에서 부락민 해방운동에 가담했다가 도망치듯 현해탄을 건넜는데요. 그의 나이 26살 때였어요. 경성의 한 잡지사에서 편집 일을 돕던 그는 조선의 독립투사들과 연락하고 모임을 가진 사실이 드러나 일본으로 추방당합니다. 우에무라는 〈조선을 떠나던 날〉이란 시에 당시 자신의 심경을 담았습니다.

「누가 나의 눈을 흐리게 하려는가

누가 나의 귀를 가리려 하는가

나는 모든 것을 잘 알고 있다.

이 아시아의 맨 끝에서 매일 벌어지고 있는 부정을, 불의를, 위만을, 압

살을

······ ······ ······

등 뒤로 느껴지는 천만의 피로 물든 눈동자의 외침을

친구여! 눈으로 본 것을 어찌 행하지 않을 수 있을까」

일제의 청년이 어쩌면 이토록 '충격적인' 저항시를 쓰게 되었을까요. 연구자들은 "식민지 현실에 강한 분노를 느낀 그가 이를 타파하기 위한 방도로 아나키즘 사상을 받아들였다"라고 풀이합니다. 식민지 민중의 끔찍한 삶이 그를 반체제 시인으로 바꾸어 놓았다는 분석이죠. 실제로 그는 조선에서 추방된 뒤 일제의 권위적인 통치와 억압에 저항했고 조선의 해방을 강렬하게 표현한 작품 활동을 멈추지 않았습니다. 결국 일경에 체포되어 7년 동안 옥살이를 하면서도 우에무라는 생의 마지막 순간까지 자신의 신념을 굽히지 않았습니다.

쌍둥이 폭탄의 '엇갈린' 운명

· · · · · · · · · · · · · · · · · · ·

일제강점기 의열항쟁에서 쓰인 폭탄은 대체로 식민통치 기관의 파괴나 방화 그리고 일제의 주요 인물을 암살하는 용도 등 크게 세 종류로 나뉩니다. 암살할 때는 폭살용과 자결용 폭탄을 함께 가져가기도 했어요. 윤봉길과 이봉창 의사도 의거 당시 두 종류의 폭탄을 지니고 있었다고 합니다. 폭탄은 의거의 성패를 가르는 중요한 도구였지요. 따라서 어떤 폭탄을 쓸지는 충분한 시간을 갖고 구체적인 사용 방법과 대책을 세밀하게 궁리하고 결정했습니다. 이봉창 의거 때는 일왕이 타고 가는 마차와 군중들이 서 있는 곳이 백 미터쯤 떨어져 있을 것으로 판단하여 '폭발력이 약하기는 하지만 가벼워서 멀리 던질 수 있는' 마미 수류탄(麻尾手榴彈)으로 결정했어요. 불발이 적은 폭탄이라는 점도 고려했다고 합니다.

1931년 9월, 만주를 침략한 일제는 이듬해 2월 상하이를 점령합니다. 두 달 뒤인 4월 29일에는 상하이 훙커우 공원에서 일왕의 생일인 천장절을 겸한 전승 축하식을 대대적으로 벌이는데요. 그 자리에 윤봉길 의사가 폭탄을 던져 일제 수뇌부를 폭살시켜 버리지요. 윤 의사가 갖고 있던 폭탄은 물통 모양과 도시락 모양의 폭탄 2개였죠. 일본 내무성 보고서에는 '도시락 폭탄은 알루미늄 도시락에 장치하고 뇌관 부분에 작은 구멍을 뚫어 여기에 발화용 끈을 달았다'라고 기록되어 있습니다. 폭탄의 구체적인 모습도 그려 놓았고, 가로세로 16.21×10.45cm, 높이 5cm라고 크기까지 상세히 적어 놓았어요. 이 도시락 폭탄과 같은 모델의 폭탄은 1년 뒤 다른 사건에 사용되어 또다시 상하이 천지를 뒤흔들게 됩니다.

마미(麻尾) 수류탄

윤봉길 의거 당시 물통형과 도시락 폭탄 모형

1933년 3월 상하이에서 한인 아나키스트 단체인 남화한인청년연맹 단원들이 일본 공사인 아리요시를 암살할 계획을 세웁니다. 그들은 '원심창이 망을 보고, 백정기가 경호원을 사살하며, 이강훈이 공사에게 폭탄을 던진다'라는 작전을 짜고 거사 장소인 요리집 육삼정으로 향합니다. 이들이 준비한 폭탄은 윤봉길 의사가 훙커우 의거에서 사용한 것과 같은 도시락 모양이었어요. 어떻게 훙커우 의거와 육삼정 의거에서 같은 종류의 폭탄이 사용되었을까요? 도시락 폭탄은 백범 김구가 중국인 폭탄 기술자에게 부탁해서 만든 것이었어요. 김구 선생은 윤봉길 의사와 남화한인청년연맹에 같은 폭탄을 건넸던 거죠. 두 의거에 쓰인 폭탄은 같은 배에서 나온 '쌍둥이 폭탄'이었던 셈입니다.

그런데 쌍둥이 폭탄은 엉뚱하게 오보 사태로 이어졌습니다. 당시 일본과 국내 언론들은 육삼정 의거를 '유력한 국제적 음모단이 연루된 듯하고 작년 봄 홍커우 공원 사건을 일으킨 김구 일파와 관계가 있다'라고 보도했습니다. 똑같은 폭탄이라는 이유로 김구 선생이 시킨 것으로 잘못 생각했던 것이죠. 쌍둥이 폭탄은 일경의 수사 방향에 큰 혼선을 주기도 했어요. 이 일은 원심창 의사가 재판정에서 "다른 이로부터 아무런 사주나 선동을 받은 적이 없다. 아나키스트로서 스스로 일제 타도 의지를 천명한 결과였을 뿐이다"라고 당당하게 밝힘으로써 매듭지어졌습니다.

같은 모양이지만 서로 다른 두 개의 폭탄은 '엇갈린' 운명을 맞았어요. 하나는 성공했고 다른 하나는 실패했죠. 하지만 두 폭탄 모두 꺼져가던 독립의 열망을 다시 지피는 불씨가 되기에 충분했습니다. 윤봉길 의거는 장제스 총통이 대한민국 임시정부를 지원하게 만든 결정적인 역할을 해서 벼랑 끝에 선 임시정부를 되살렸습니다. 육삼정 의거도 민족의 자긍심을 높이며 중국의 모든 신문에 대서특필되어 중국인들의 항일 의지를 불태우는 계기가 되었지요.

폭탄 투척 직후 홍커우 공원 모습

밀정, 적인가 동지인가

2016년 개봉된 영화 〈밀정〉은 어느 조선인 일본 경찰이 무장독립운동 단체인 의열단의 뒤를 쫓는 이야기를 다루었습니다. 누가 밀정인지 알 수 없는 가운데 서로를 이용하려는 첩보전이 숨 가쁘게 펼쳐지죠. 이 영화에서 의열단 단장으로 출연한 이병헌은 "밀정에게도 조국은 하나요. 그에게도 분명 마음의 빚이 있을 거요"라는 명대사

영화 〈밀정〉 포스터

를 남깁니다. 아무리 반역자라도 친일을 한 것에 대해 같은 민족으로서 죄책감을 갖고 있을 거란 의미겠죠. 사실 밀정들은 원래는 독립운동가들의 가장 가까운 지인, 동료이며 측근으로 믿을 만한 존재였어요. 독립운동가와 밀정이 한 공간에 함께 섞여 있었던 것이죠. 밀정이 제공한 생생한 정보는 일제에는 아주 쓸모 있었지만 독립운동가들에겐 그 반대로 너무나 치명적이었어요. 수십, 수백 명이 모여 있는 무장단체라 해도 단 한 명의 밀정 때문에 서로의 신뢰에 금이 가고 한순간에 붕괴되고 마는 일이 다반사였습니다.

식민지 시절 많은 조선인이 일제의 앞잡이 노릇을 했는데요, 다른 민족 출신이 밀정으로 활동한 흥미로운 사례도 있습니다. 그것도 일본인이, 조직원 간의 믿음이 무엇보다 중요한 의열항쟁에서 말이에요. 어떻게 이런 일이 가능했을까요? 1933년 중국 상하이에서 한인 아나키스트 단체는 일본 공사 아리요시를 암살하려는 계획을 세웁니다. 아나키스트들은 한국인, 중국인, 일본인들이 국제적으로 연대 활동을 펼쳤어요. 이 단체에는 야타베와 오키라는 두 명의 일본인이 있었습니다. 아나키스트를 자처한 오키는 일본에서 상하이로 건너와 저널리스트로 활동하고 있었지요. 그는 3월 초, 상하이 프랑스 조계에서 거사 계획을 주도한 원심창 의사와 만났다고 합니다. 당시 누가 이들의 만남을 주선했는지는 알려지지 않았어요. 첫 만남에서 원 의사는 오키에게 중요한 내용들을 털어놓았습니다. 누군가 믿을 만한 사람이 오키를 소개했기 때문이 아닐까 생각됩니다.

오키는 원 의사에게 "아리요시가 조만간 상하이 유지들과 회식 자리를 갖게 될 것"이라는 정보를 넘깁니다. 일주일 후에는 연회 장소가 육삼정이라는 것도 알려 주었어요. 원심창 의사와 동지들은 여러 차례 그와 만나 현장을 답사하고 구체적인 행동 계획을 세웠죠.

중국 상하이 육삼정 의거 터

역사는 스토리다 / 독립영웅을 만든 장면 50

아리요시 일행이 연회를 마치고 나올 때 오키가 골목 안쪽에 대기하는 야타베에게 신호를 보내고, 야타베가 얼마 떨어지지 않은 요리집 송강 춘으로 달려가서 백정기와 이강훈 의사에게 알리면, 두 사람이 육삼정 앞으로 달려와 폭탄과 수류탄으로 공사 아리요시를 암살한다는 계획 이었습니다. 계획은 치밀했지요. 하지만 거사일인 3월 17일 밤 9시쯤, 원심창 일행이 송강춘에 들어서자마자 잠복해있던 일본 영사관 경찰 10여 명이 이들을 덮쳤어요. 원심창, 백정기, 이강훈 세 의사는 아무런 저항도 하지 못하고 잡히고 말았습니다. 야타베는 급히 현장을 벗어나 도주했고요.

〈조선인을 중심으로 한 상해의 국제 테러단〉(동아일보 1933년 11월 11일 자 기사)
육삼정 의거자들의 취조 소식을 전하고 있으며 우측은 같은 날 실린 백정기 의사의 사진

삼의사의 재판은 비공개로 진행되었습니다. 왜 공개하지 않았는지 그 이유가 궁금한데요. 삼의사에 의해 밀정의 이름이 튀어나올 것을 걱정 했기 때문이었습니다. 〈원심창 판결문〉에는 밀정의 흔적이 잠깐 나옵 니다. 즉, '결행 낭일 밤의 연락책으로서 동시 노(某)가 아리요시 공사 의 퇴출 시점을 야타베에게 통지하기로 했다'라는 대목이죠. 여기서 '동

지 모'는 오키를 가리키는데, 일제는 그의 존재를 철저히 숨겼습니다. 경찰 보고서에서도 오키가 꾸민 일을 도주한 야타베에게 뒤집어씌웠어요. 지난 2014년 육삼정 의거와 관련된 일본 경찰의 보고서가 발견되었습니다. 이 문서에는 밀정을 활용해 정보를 흘리며 함정 수사를 펼친 내용이 상세하게 적혀 있습니다. 하지만 밀정의 이름은 어디에서도 찾을 수 없었지요. 의거 모의도 용의주도했지만 일경의 '밀정 은폐 공작'은 더욱 치밀했던 거죠. 밀정이란 존재는 그들에게 너무나 소중한 존재였으니까요. 지금까지 대부분의 사람들은 오키를 밀정으로 지목하지만 이를 입증할만할 증거는 아직 나오지 않았습니다. 밀정은 얼굴도 이름도 없는 '우리 안의 적이자 동지'였습니다.

육삼정 의거 관련 재판 문서

일제강점기에 활동한 항일투사는 요즘 말로 하면 '엄친아'나 다름없었던 것 같아요. 먹는 것, 입는 것, 자는 것까지 한마디로 모든 의식주를 스스로 해결했어야 했죠. 거기에 싸우는 것과 도망쳐야 하는 것 그리고 내부에 스며들어 있는 밀정까지 잡아내야 했고요. 일경과 싸우랴, 밀정과 싸우랴. 투사들은 하루하루를 긴장 속에서 지낼 수밖에 없는 정말 힘든 나날을 보냈습니다. 한 가지라도 제대로 하기 힘든 오늘날 우리의 모습을 보면 뒷목이 좀 허전한 느낌이 드네요.

항쟁의 숨은 지휘자, 원심창

오케스트라 연주회를 보면 연주자와 허공을 번갈아 가르며 지휘봉을 휘젓는 지휘자의 멋진 모습을 볼 수 있습니다. 지휘자는 박자를 정확하게 짚어 주고 현악기, 관악기, 타악기 등 각기 다른 악기 그룹을 조화롭게 조정하는 역할을 하지요. 지휘자가 따로 없던 시절에는 오르간 연주자나 바이올린 수석 주자가 지휘까지 맡았는데, 활이나 쇠로 된 긴 막대기로 바닥을 두드리며 박자를 맞추었습니다. 그러다 보니 연주를 하다 발을 다치는 경우도 적지 않았다고 해요. 오케스트라에서 지휘자가 등장한 것은 19세기 초였다고 하는데요. 지휘자는 음악적 능력과 함께 카리스마까지 갖춰야 할 뿐만 아니라 절제하고 인내할 줄 알며 침착한 성품도 요구되었습니다.

오케스트라 지휘자 모습

일제강점기 독립운동 진영에도 이런 지휘자와 같은 역할을 한 사람들이 있었습니다. 오케스트라 앞에서 지휘봉을 휘두르는 지휘자와 달리 그들은 무대 뒤에서 은밀히 움직였어요. 처단할 대상에 대한 정보를 수집하고 분석해 적절한 행동 대원들을 선발했고요. 때로는 거사에 앞서 직접 현장을 미리 답사해 성공 확률을 높이는 치밀함을 보이기도 했습니다. 중국에서 의열투쟁을 주도한 원심창 의사가 바로 그런 지휘자 형의 인물입니다. 그는 1932년 12월 톈진의 일본 영사관에 폭탄을 던지는 사건을 일으켰어요. 한 달 뒤에는 일본계 정금은행과 일본군 병영을 폭파하는 사건을 이끌었고, 밀정들을 처단하는 일에도 앞장섰습니다. 이어 상하이 미국 총영사를 암살해 미일 관계를 악화시켜 미·일 전쟁을 유도한다는 계획도 짰어요. 원 의사는 그 모든 일을 뒤에서 조종한 그림자 같은 지휘자였던 거죠. 그러나 1933년 3월 17일, 그는 상하이에 있는 일본 식당 육삼정에서 주중 일본공사를 처단하려다가 현장에서 붙잡히고 맙니다. 그의 판결문에는 '각종 정보와 수집 및 연맹원에 대한 보고와 연구회의 개최를 담당하고 연맹의 주의와 정책을 실현 또는 확대 강화할 것을 기도하였으며'라고 적혀 있는데요. 이 대목에서 원 의사가 의거를 전체적으로 지휘하고 구체적인 계획을 짰다는 사실을 알 수 있습니다.

육삼정 의거를 준비하는 과정에서 가장 눈에 띄는 것은 거사의 효과를 극대화하기 위해 세운 전략이에요. 단원들은 원심창 의사가 입수한 정보를 바탕으로 성명서를 작성하고 이를 각 신문사에 보내기로 합니다. 성명서의 내용은 '일제가 중국 국민당 간부들을 4천만 원에 매수해 만주를 포기하도록 교섭하려고 육삼정에 모인다'라는 것이었죠. 또 신문 지면에 그 내용을 대대적으로 알리기 위해 거사를 실행할 백정기와 이강훈 두 의사의 사진, 경력, 선언문 등을 준비합니다. 그 일도 원 의사의 몫이었어요. 그의 제안에 따라 두 사람은 상하이 시내에 있는 중국인 사진관에서 기념사진을 찍지요. 무척 대담하고 치밀한 '지휘자 원심창'의 면모를 엿볼 수 있는 장면입니다.

육삼정 의거의 상황을 상세하게 보도한 〈중국신보〉

사건 후, 중국 언론들은 육삼정 의거가 '중일 간의 음흉한 밀약을 와해시키려 한 사건'이며 '테러가 아니라 전쟁을 막기 위한 애국적 노력'이라고 일제히 보도했습니다. 언론은 단원들이 미리 보도자료로 배포한 내용을 그대로 폭로한 것이죠. 거기에 거사자들의 사진 자료와 경력이 더해지니까 기사에 대한 신뢰도도 높아져서 사건에 대한 관심은 기대 이상으로 커질 수밖에 없었습니다. 이런 보도들로 인해 중국인들의 감정은 폭발 일보 직전까지 끓어올랐고, 급기야 일제의 공작을 사전에 차단시키는 결과로 이어졌어요. 육삼정 의거가 '미수에 그쳤지만 성공한 의거'로 평가받는 이유가 바로 여기에 있습니다.

1933년 11월 육삼정 사건 재판에서 원심창 의사에게는 무기징역이 선고되었어요. 폭탄을 들고 직접 행동에 나선 이강훈 의사가 받은 15

년 형보다 무거운 처벌이었습니다. 일제 재판부는 원 의사에게 텐진 폭탄 투척 사건을 막후에서 조종한 혐의를 덧붙여 가중 처벌을 했던 겁니다. 바꿔 말하면 이 판결은 원심창 의사가 무대 뒤에서 여러 항쟁을 기획하고 지휘하는 탁월한 능력을 보여주었다는 사실을 인정한 셈이지요. 재판 한 달 뒤, 한 잡지에 육삼정 의거에 대해 뜨거운 지지의 마음을 보내는 '무기수'라는 글이 실렸어요. '나는 그대들과 일면식도 없지만 나는 그대들의 성품을 잘 안다. 그대들이 오늘까지 걸어온 길을 나도 지금 함께 걸어가고 있다.' 한 번도 만난 적이 없는 젊은이들이 '제2의 원심창'을 꿈꾸며 그가 갔던 길을 함께 걸어가겠다고 다짐한 것인데요. 그만큼 육삼정 의거를 일으킨 원심창과 두 의사가 당시 젊은이들의 항일 의식을 고취시키는데 큰 역할을 했다는 걸 알 수 있습니다.

원심창 의사 지지의 글
(1933년 12월 21일)

얼마 전에 우리나라의 열여덟 살 난 임윤찬이 세계 정상급 권위를 자랑하는 반 클라이번 피아노 콩쿠르에서 역대 최연소 기록을 세우며 1위를 차지하는 장한 일을 해냈습니다. 그것도 감동이지만 그의 협연을 지휘한 미국 최초의 메이저 오케스트라 여성 지휘자인 마린 알솝의 리더십이 그날의 감동을 더했습니다. 1956년생인 그녀는 오케스트라의 모든 깃을 포근한 미소와 절제된 지휘로 입도하면서도 연주사들을 어머니나 할머니처럼 자상하게 보살피며 청중들에게 최고의 음악을 들려

주었습니다. 거기에도 사연이 있었습니다. 영화 〈더 컨덕터〉의 실제 모델인 알솝 여사는 남자들의 전유물이던 오케스트라 지휘자의 자리에 오르기까지 숱한 고난의 시간을 보내야 했거든요.

원심창 의사가 독립항쟁을 지휘한 것, 마린 알솝이 오케스트라를 지휘한 것은 지략과 재능만으로 된 것이 아니었습니다. 세상을 바라보는 넓은 시야, 자신이 해야 할 일을 정확히 꿰뚫어 보는 능력과 노력도 함께했던 것이라고 생각합니다.

지휘자 마린 알솝

적과의 동침

....

　구한말 대표적 의병장인 이강년 선생은 "도적에 붙었던 자라도 마음을 고치면 용서할 수 있다"라면서 친일파를 포용했습니다. 민족을 팔아먹은 반역자라도 죄를 뉘우치면 벌하지 않고 내 편으로 삼겠다는 뜻이었는데요. 나라를 구하는 일에 한 사람이라도 더 끌어들이려는 절박한 심정이 담겨 있는 말이기도 합니다. 과연 독립운동가들 가운데 어느 누가 민족 반역자를 쉽게 용서할 수 있었을까요? 특히 친일파 처단을 목표로 내건 의열항쟁가들에게는 도저히 받아들이기 어려운 일이었겠지요. 그런데 자신에게 직접 피해를 입힌 친일파를 용서하고 함께 활동을 펼친 분이 있어 소개합니다. 윤봉길, 이봉창 의거와 더불어 해외 3대 폭탄 의거로 불리는 육삼정 의거를 주도한 원심창 의사가 바로 그 주인공이에요. 그는 가장 악질적인 친일파로 손꼽히는 인물을 동지로 끌어안았습니다. 뭇 항쟁가들과 결이 다른 행동이 분명한데요. 그는 어떻게 이런 선택을 할 수 있었을까요?

　박춘금(1891~1973)은 도쿄 한복판에서 두 번이나 일본 제국의회 중의원에 당선돼 가장 악질적인 친일반역자입니다. 일본인들이 자신들의 대표로 뽑아줄 정도의 인물이었으니 그가 얼마나 뼛속 깊이 친일파였

는지 충분히 짐작되지요. 그는 '상애회'란 단체를 만들어 권총과 일본
도를 차고 노농쟁의 현장을 누비며 '청부 해결사' 노릇을 하던 인물이
었습니다. 일본인 사업주 편에 서서 힘없는 조선 노동자들을 비열하고
잔인하게 짓밟고 다니던 조직폭력배였어요. 이런 몹쓸 짓 때문에 박춘
금은 '정치 깡패의 원조'로 불리기도 하는데요. 그가 이끄는 상애회는
1927년 2월, 조선인 아나키스트들과 관련된 일터에서 폭력을 휘둘러
여러 사람을 다치게 했습니다. 이 사건을 시작으로 두 집단은 극심한
갈등을 겪게 되었지요. 이듬해 6월, 원심창 선생을 비롯한 청년 단원들
이 상애회 행동대장인 하고봉을 폭행하자 상애회는 아나키스트 학생
들이 모임을 하고 있던 계림장을 습격했습니다. 이 사건으로 여러 명이
크게 다쳤고 선생은 일본 경찰에 체포되었습니다.

친일반민족행위자 박춘금

일본 중의원 의원 당선 당시의 박춘금
(가운데, 오른쪽은 그의 일본인 부인)

이 같은 악연으로 연결된 원심창 선생과 '역대급' 친일파인 박춘금 두
사람이 어떻게 손을 잡게 되었을까요? 선생은 1932년 일본에서 중국으
로 건너갔습니다. 상하이에서 벌어진 육삼정 의거로 일본 감옥에 수감

역사는 스토리다 / 독립영웅을 만든 장면 50

된 그는 태평양전쟁에서 일본이 항복하고 수감된 지 12년 만인 1945년 10월, 광복 후 두 달이 지나고 풀려났죠. 해방이 된 조국에 돌아갈 수 없었던 친일반역자들은 '통렬한 반성' 없이 동포 사회에서 자신들의 영향력을 계속 유지하려고 했습니다. 당시 남과 북으로 갈라진 조국의 현실만큼이나 민단과 조총련 사이의 이념 대립은 상상을 초월할 정도로 극심했고 폭력 사태가 그치지 않았습니다.

그런 가운데서도 재일민단 초대 사무총장에 뽑힌 원심창 선생은 "설령 주장의 차이가 있다고 하더라도 적은 크고 바로 눈앞에 있다. 그런데도 서로 협력해서 일할 수는 없는 것일까"라며 교민들의 단합을 호소했습니다. 그의 '통합의 리더십'은 통일운동에서 가장 잘 드러났는데요. 1955년 1월, 선생은 남북통일촉진협의회를 만들고 여기에 박춘금, 권일 같은 친일파 인물들을 끌어들였습니다. 박춘금은 해방 후 국내로 강제 송환될 위기에 처했지만 반민특위가 해산되면서 일본에 그대로 눌러앉아 있었어요.

6 · 25 때 참전한 재일학도의용군. 0천여 명이 국군으로 참전했다.

원심창 의사

남북통일촉진협의회에서는 항일투사와 1급 친일파가 한 지붕 아래에서 동거하는 묘한 상황이 벌어졌습니다. 친일, 항일, 좌우를 따지지 않고 그 안에서는 '대타협'이 이뤄졌어요. 민족 문제 앞에서는 "비록 다른 체제에 몸담았더라도 그 차이를 뛰어넘어야 한다"라는 선생의 대국적 신념이 가져온 결과였습니다. 그에게 통일을 위한 노력은 제2의 독립운동이나 마찬가지였어요. 또 인간 해방을 갈구하는 아나키스트로서 마지막 선택이기도 했고요. 세상을 떠나는 날까지 통일운동에 힘쓴 선생은 "고통에 허덕이는 민족의 다행한 앞날을 보지 못하고 떠나는 대죄를 지고"라는 유언을 남겼습니다. 조국의 통일을 이루지 못하고 떠나는 송구함을 전하면서 그는 1971년 7월 4일 65년의 삶을 마감했습니다. 재일 한국인 사회장으로 치러진 그의 장례식에는 과거의 적과 동지, 그리고 좌우 인사들이 자리를 함께해 선생의 명복을 빌었습니다.

이념과 사상을 뛰어넘어 큰마음으로 독립운동을 했던 원심창 선생은 해방 후에는 더 큰 사명으로 남겨진 통일을 위해 조국을 배신했던 사람들까지도 안아주었습니다. 선생은 눈앞에 보이는 미움과 과거의 잘못을 탓하면서 눈에 보이지 않는 통일을 이뤄낼 수 없다는 것을 우리에게 행동으로 가르쳐 준 '큰 어른'이었습니다.

'역대급' 친일 반역자, 그 후

일제강점기 조선인 가운데 병탄이나 친일 행적의 공로를 인정받아 귀족원 의원을 지낸 자들은 여럿 있습니다. 하지만 일본 유권자들의 선택을 받는 지역구 국회의원에 당선된 사례는 박춘금이 유일하죠. 그것도 일본의 수도 한복판에서 말이죠. 해방 후 일본에 거주하던 그는 사업을 하다가 1973년에 사망합니다. 죽어서는 고향 땅에 묻히고 싶은 수구초심(首丘初心)의 마음이 들었던 걸까요? 박춘금은 경남 밀양에 있는 그의 아버지 묘소 근처에 묻혔습니다. 당시 그 사실은 일반인들에게 잘 알려지지 않았죠.

2002년에 촬영한 박춘금의 묘(왼쪽)와 송덕비 앞면과 뒷면. 뒷면에 송덕비를 세운 단체명인 '일한문화협회'가 새겨져 있다. (출처:오마이뉴스)

그런데 그로부터 20년이 지난 1992년, 죽은 박춘금이 갑자기 우리 앞에 소환됩니다. 일한문화협회에서 그의 무덤 옆에 송덕비(頌德碑)를 세우면서 일이 불거졌던 것입니다. 밀양 지역 시민단체가 중심이 되어 "친일 반역자이자 정치 깡패인 박춘금의 송덕비와 묘를 반드시 철거해야 한다"라고 목소리를 높였어요. 박춘금이 무덤 속에서 벌떡 일어날 일이 벌어진 것이죠. 그러나 비석이나 묘를 뒤엎어 버리는 건 쉬운 일이 아니지요. 또 다시 10년을 질질 끌다가 2002년에야 박춘금의 송덕비가 철거되었습니다. 4년 뒤에는 무덤 위로 도로가 나서 그의 무덤이 완전히 사라지고 말았고요.

일제강점기를 통틀어 가장 악질적인 민족반역자로 손꼽히는 박춘금. 그의 영혼은 아직도 쉴 곳을 찾지 못하고 구천을 맴돌고 있을지 모를 일입니다.

2002년 7월, 밀양의 시민단체가 개최한 박춘금 송덕비 철거 요구 집회 (출처:오마이뉴스)

최후의 아나키스트

원심창

1906년 12월 1일 경기도 평택시 팽성읍 안정리 175번지에서 출생.
본명은 원유창이며 4남매 중 막내

1918년 팽성공립보통학교 졸업 후 서울 중동학교를 2년간 다니다가
자퇴

1923년 무렵 일본으로 건너가 박열 등이 결성한 무정부주의 단체인
흑우회(黑友會)에 가담하여 활동

1925년 4월 일본대학 사회학과 전문부 입학

1925년 5월 도쿄 조선무산학생학우회 위원

1925년 9월 일본대학 자퇴

1925년 12월 도쿄 조선무산자동맹 집행위원에 선임

1926년 흑우회 기관지 흑우(黑友) 발행에 참여하는 등 흑우회 재건 활동
중 일경에 피체

1926년 7월 31일 옥중 사망한 가네코 후미코 시신 발굴

1928년 2월 친일단체 상애회 행동대장 하고봉 폭행

1928년 6월 도쿄 조선노동조합 북부지소 습격 사건으로 피체

1929년 6월 신간회 도쿄지부 습격 사건으로 네 번째 피체

1930년 병보석으로 나가노 형무소 출옥 후 중국으로 망명

1931년 6월 무정부주의단체인 남화한인청년연맹 가입

1931년 11월 흑색공포단(黑色恐怖團) 창설에 관여

1932년 7월 이회영 체포를 밀고한 연충열, 이규서 처단 사건에 가담

1932년 9월 전 브라질 대사 아리요시 아키라 일본국 주중공사로 부임

1932년 12월 톈진 일본영사관과 일본군 병영 폭파 사건에 가담

1933년 1월 톈진 일본계 요코하마정금은행 폭파 미수 사건 개입

1933년 3월 17일 상하이 조계 우창로에 있는 요리집 육삼정(六三亭)
　　　　　부근에서 아리요시 공사 암살 작전 중 일경에 피체

1933년 11월 일본 나가사키 지방재판소에서 원심창과 백정기에게
　　　　　무기징역, 이강훈에게 15년형을 선고.

1933년~45년 일본 가고시마, 구마모토형무소에서 12년 6개월 복역

1945년 10월 10일 광복을 맞이하여 출옥

1946년 10월 재일민단 초대 사무총장 선임

1948년 남북한단독정부 수립 반대 운동 전개

1950년 6·25 전쟁이 발발하자 재일학도의용군 파병을 주도

1951년 4월 재일민단 단장 취임. 재일동포 법적 지위 향상 노력

1955년 1월 남북통일촉진협의회 대표위원 겸 사무국장

1955년 4월 남북통일촉진 서명운동 주도

1959년 1월 〈통일일보〉 발간

1965년 6월 한일협정 체결을 전후해 협정 반대 운동 전개

1973년 7월 4일 도쿄에서 별세. 재일본 한국인사회장 거행

1976년 해외동포 선열들의 유해를 모신 충남 천안 '망향의 동산'에
　　　　　1호로 안장

1977년 건국훈장 독립장 추서

찾아보기

역사는 스토리다 / 독립영웅을 만든 장면 50

역사는 스토리다 / 독립영웅을 만든 장면 50

역사는 스토리다 / 독립영웅을 만든 장면 50

역사는 스토리다
독립영웅을 만든 장면 50

초판 1쇄 2022년 9월 23일

지은이 이원혁
발행인 이원혁
마케팅 이연실
디자인 박효은

발행처 **역사스토리**
등록번호 제 25100-2020-000077호
주소 서울특별시 구로구 남부순환로 105길 20
전화 02-3453-3452
팩스 02-3453-3457
이메일 tvunion@hanmail.net

가격 15,000원
ISBN 979-11-977318-6-0 03910